CB138240

O SER HUMANO 10P

Presidente:
Mauricio Sita

Capa:
Leandro Correia

Diagramação e projeto gráfico:
Nathália Parente

Revisão:
Daniel Muzitano

Revisão artística:
Edilson Menezes

Diretora de projetos:
Gleide Santos

Diretora de operações:
Alessandra Ksenhuck

Diretora executiva:
Julyana Rosa

Relacionamento com o cliente:
Claudia Pires

Impressão:
RR Donnelley

Dados Internacionais de Catalogação na Publicação (CIP)
(eDOC BRASIL, Belo Horizonte/MG)

Elaine, Helda.
E37s O ser humano 10D: o futuro é de quem faz "algo a mais" / Helda Elaine. – 2. ed. – São Paulo (SP): Literare Books International, 2019.
14 x 21 cm

ISBN 978-85-9455-162-7

1. Autorrealização (Psicologia). 2. Motivação (Psicologia). 3.Técnicas de autoajuda. I. Título.
CDD 158.1

Elaborado por Maurício Amormino Júnior – CRB6/2422

Literare Books International
Rua Antônio Augusto Covello, 472 – Vila Mariana – São Paulo, SP
CEP 01550-060
Fone/fax: (0**11) 2659-0968
site: www.literarebooks.com.br
e-mail: literare@literarebooks.com.br

Prefácio

Quando recebi o convite para prefaciar o livro, pensei: "essa é uma profissional diferenciada". E fiz questão de honrar o seu convite. Tudo o que Helda escreve na obra representa muito de sua essência e a mensagem que traz o sentido de que precisamos fazer "algo a mais", o que é uma constante em seu trabalho. A narrativa mostra como sua carreira foi edificada e comprova que em vez de teorias sobre o sucesso, a autora apresenta algo a mais que foi praticado e aprovado.

Sua analogia entre a linguagem tecnológica e as demandas do ser humano é mais uma imperdível "atração" que dá o pano de fundo para as soluções presenteadas ao leitor. Helda demonstra a importância de desenvolver pessoas e rever as atitudes assumidas nesse tempo em que vivemos, de hiperconectividade, hipervelocidade, individualidade e pouca empatia.

Além das soluções para o campo pessoal, o universo corporativo recebe uma atenção especial, sobretudo quando ela mostra toda sua experiência e compartilha como foram esses anos de palestras e treinamentos realizados pelo Brasil. Sua percepção está em cada página e sua visão é de que o ser humano precisa fazer "algo a mais", seja na busca pelo propósito, por valores afins entre empresa e colaborador, por organizações com mais sentido e significado ou mesmo na procura por uma atitude convergente, que desperte o potencial do ser humano e possa influenciar os negócios de forma positiva.

Helda Elaine desvendou no livro aquilo que pensa, fala e pratica em sua vida pessoal e em suas maravilhosas palestras, o que provavelmente explica seu alto índice de recontratação, pois é a típica profissional que consegue trazer uma mensagem de forma ampla, sem perder a própria essência e acima de tudo, com o irrefreável desejo de transformar para melhor as pessoas e as empresas. Se tivesse que definir e resumir a proposta da autora, destacaria: conteúdo rico, consistência, congruência, comunicação simples e direta, sem frescura. Posso afirmar, por experiência, que a autora já entregava "algo a mais" em suas palestras ricas em simpatia, alegria, irreverência, emoção, *performance*, didática e, principalmente, conteúdo rico e transformador. Agora, Helda vai além, coloca tudo isso e muito mais sob o formato de livro.

Aos leitores, Helda deixa muitas oportunidades, sacadas e incontáveis bons exemplos para inspirar positivos processos de mudança. Ao empresariado, várias lições foram registradas. Aos professores, pais e alunos, o livro soma uma chance real de encontrarem a educação e o ensino dos sonhos. Aos casais, foram apresentadas histórias de amor recheadas de paradigmas quebrados e coragem para enfrentar adversidades. Em resumo, duvido muito que os leitores queiram manter-se sob o padrão 4D, com tantos motivos plausíveis para alcançarem o perfil 10D.

David Fadel
Diretor da Fadel Palestrantes

Índice

Apresentação

Em suas mãos, um livro diferente, que toma de empréstimo as teorias físicas das dimensões do universo e a linguagem "D", usada pela tecnologia, para traçar um paralelo com o ser humano. Capítulos convencionais, encontrados na maioria das obras, foram substituídos por metafóricos 10 D ou 10 dimensões do universo particular que cada ser humano vive.

A humilde proposta é rever as atitudes assumidas no tempo em que vivemos, composto por mulheres e homens 4D. Resumindo a análise e refletindo sobre o ser humano em si, sem destacar o gênero, ele nasce:

- Filho "**D**" alguém;
- Torna-se cônjuge "**D**" alguém;
- Passa a ser pai ou mãe "**D**" alguém;
- E atua como empresário ou empregado "**D**" alguma empresa (não necessariamente na mesma ordem).

Ou seja, a história elenca incontáveis homens e mulheres 4D, que honram pai e mãe, cumprem o papel natural de formar uma família para viver em sociedade e se dedicam como pessoas íntegras e trabalhadoras que são.

Por outro lado, é comum que o ser humano, sobretudo por lidar com a pressão de vencer na vida, queira crescer no trabalho e gerar conforto para a família. E nessa empreitada, sem perceber, ele pode deixar de lado alguns ou todos os temas propostos no índice e investigados, a fundo, no respectivo conteúdo.

Igualmente comum é encontrar empresas cujos quadros estão preenchidos por colaboradores 4D que têm um emprego, em vez de um propósito. Uma ocupação, em vez da construção de um legado profissional. No outro prato da balança, também se pode encontrar colaboradores que procuram exemplo e ajuda para o desenvolvimento, mas não os encontram nos líderes ou patrões 4D.

A regra da língua portuguesa para a expressão "algo mais" sugere seu uso simples, pois a expressão "mais" já designaria, segundo o entendimento dos estudiosos, soma ou intensidade. Ainda assim, solicito uma espécie de licença poética para usar, ao curso de toda a obra, a expressão "algo a mais", pois entendo que é mais profunda e traduz com maior força aquilo que me proponho a fazer e também ficará como proposta para que você faça: algo a mais na entrega do trabalho, algo a mais na vida a dois, algo a mais no relacionamento familiar, algo a mais na doação para os amigos e assim por diante.

Em minhas palestras, entrego "algo a mais", porque faz parte da essência que me define e porque entendo que todo ser humano é dotado de talento, potencial, competência e criatividade para ir além das expectativas, tanto as alheias como as próprias, desde que contemple além das quatro dimensões.

Proponho, então, que a sua mente esteja aberta, pois as histórias que vou narrar são baseadas em fatos que, de alguma forma, mudaram a minha vida para melhor e têm força para inspirar quem busca realizar os sonhos pessoais ou de carreira, assim como podem influenciar positivamente a vida do empresário que pretende alcançar mais sucesso, sem abrir mãos dos valores.

Utilizei as histórias mais impactantes, vivenciadas por personagens que conheci e com quem tive a grata chance de conviver. Escolhi o método de gerar conteúdo por meio das histórias em respeito a você, leitor(a). Afinal, todos nós sabemos que as histórias lúdicas ensinam muito mais do que as teorias lógicas.

Dispa-se da realidade 4D e prepare-se para expandir suas perspectivas. A proposta 10D começa agora...

Somos bons em algumas áreas e não precisamos ser bons em tudo. No entanto, ser bom na área de relacionamentos é fundamental. Quanto mais cedo entendermos essa premissa, maior sucesso teremos. Os modelos associativista e cooperativista entendem isso muito bem e buscam contratar pessoas com eficiência para produzir bons relacionamentos, o que certamente ajuda a explicar o crescimento contínuo de tais organizações. Tal tarefa se constitui num dos maiores desafios dos profissionais de Recursos Humanos, pois, embora pareça elementar na teoria, na prática não é nada fácil identificar tais pessoas num primeiro contato.

As competências de ordem técnica geralmente podem ser aprendidas, treinadas e recicladas. Já a habilidade de relacionamento é aptidão individual moldada internamente ao longo da vida. Ou seja, não basta querer se relacionar bem, a pessoa precisa querer desenvolver a habilidade de relacionamento. A boa notícia é que, ao perceber a lacuna, há como evoluir na busca por tal habilidade, mesmo que de forma intensiva.

Até perceberem que não têm a habilidade de relacionamento, muitos profissionais acabaram se deparando com o beco sem saída, que é o desemprego.

E, se fôssemos realizar uma pesquisa para apurar as justificativas para o desemprego das pessoas com dificuldade de relacionamento, poderíamos partir de dois grupos:

1) Composto por desempregados há mais de um ano;

2) Composto por colaboradores que, seja qual for a razão, não conseguem ficar mais do que poucos meses na mesma empresa.

Os entrevistados do grupo 1 dirão que "a crise" é o algoz de sua situação e talvez, a maioria do grupo 2 dirá que "todo patrão ou equipe é difícil".

Ainda que essa massa de pessoas sofra com o desemprego ocasional ou constante, a minoria vai perceber, à medida que a vida ensinar pela dor, que o real motivo de seus problemas não é a crise, o patrão, a equipe ou a falta de sorte, e sim a dificuldade de se relacionar.

Nesses casos, percebido o motivo, há de ser retomada uma longa jornada de treinos para se relacionar bem. Longa, porque a formação da habilidade de relacionamento é iniciada na infância. Retomada, pois a formação foi suspensa, em decorrência das mais variadas justificativas ou de fatos, importantes ou não, muitas vezes identificados. Outras, escondidos no inconsciente.

Quem herda as características físicas também herda ou copia as comportamentais e essa constatação pode ser o diferencial da escala evolutiva que todos buscamos, dada a seguinte reflexão:

A depender de sua idade, repare que o quesito relacionamento não era a prioridade das décadas anteriores e dos "pais de ontem". Caso você entenda que de fato não teve as melhores lições acerca do tema, não seria o exato instante de averiguar como anda a sua habilidade relacional e trabalhar em favor dela, sobretudo para conseguir uma melhor posição profissional ou pessoal?

Eu defendi que não se ensina relacionamento **se** a pessoa não quiser aprender e **se** tiver dificuldade de contar com ajuda alheia. Vencidos esses "se", a arte do relacionamento pode ser aprendida porque temos inteligências cognitiva, emocional e espiritual de sobra para a finalidade. Logo, não se trata somente de ser inteligente. A questão é querer despertar essas inteligências em favor do tema relacionamento, que para muitos é espinhoso.

"Há quem prefira, em vez de se relacionar melhor, perder oportunidades, empregos e pessoas."

Qualquer força que conste em nosso DNA e ainda não tenha sido usada, se transforma numa bomba de potencialidade e não haveria de ser diferente com a área do relacionamento. É o que explica por que tantas pessoas mudam e nos deixam de queixo caído.

— Nossa, você percebeu como ele está mudado; bem mais gentil, competente e generoso?

Você deve ter feito ou escutado, incontáveis vezes, perguntas como essa, e, quem sabe, não tenha verificado que em contato com a evolução de alguém, você coloca nas próprias mãos a irrefutável prova de que as pessoas conseguem ascender na área relacional, desde que assim queiram.

É fundamental se relacionar com o meio em que vive, as funções, as circunstâncias e as pessoas. E assim afirmo por que a motivação que leva o semelhante a procurar treinamento, livro, formação acadêmica e outros formatos de crescimento não poderia (e nem deveria) se restringir ao crescimento profissional, mas também aos relacionamentos pessoais. Vou exemplificar:

Ingressei num renomado curso de Psicoterapia e Parapsicologia para buscar entender melhor o meu comportamento e o do próximo, em suas várias roupagens, e ajudar a melhor educar os filhos. Os meus principais objetivos: evoluir como pessoa, ser mais compreensiva e uma mãe melhor. A escolha que fiz, depois se mostrou acertada, e nos mostra como é válido tomar decisões que abarquem outras áreas ou pessoas dos nossos mais preciosos relacionamentos. E cabe validar que não estou a defender que devemos participar de cursos para melhorar as experiências pessoais e deixar de lado qualquer formação que melhore as condições ou a posição do nosso trabalho. Não se trata disso. Estou provocando os leitores para que pensem em algo quase óbvio e que, em geral, poucos percebem.

"Procurar meios para fazer evoluir as relações no trabalho é fundamental, mas fazê-lo também em nome das relações familiares é um gesto de amor."

— É clichê – alguém dirá. E que digam, que me critiquem. A crítica nunca matou ninguém, enquanto a indiferença para os assuntos evolutivos, essa sim, ceifou muitas vidas de maneira precoce.

E lá estava eu, encantada com o curso de Psicoterapia e Parapsicologia, ministrado pelo professor e escritor Tarsizo de Oliveira, que é uma sumidade nessas áreas. Recordo-me de ter pensado:

O meu marido precisa fazer esse curso.

— Será? – mais tarde perguntou-me o esposo Edvandro, em casa, enquanto escutava os meus argumentos. Advogado, ele fazia planos de outros cursos por aqueles dias. E insistiu.

— Helda, se eu topasse, como faríamos com as crianças?

Ah, fique tranquilo. É como eu sempre digo na maioria das minhas palestras: quem quer, arruma meios; e quem não quer, arruma desculpas.

Havia sim um problema. Como fazer com os filhos, já que as aulas do curso ocorriam aos sábados e domingos. Mas, sempre acreditando que problema é só algo a ser resolvido, encontrei na minha mãe a solução, que se dispôs a fazer companhia às crianças. Conversei com a secretária do professor e, no próximo módulo, o Edvandro passou a frequentar o curso. Já no início de sua primeira participação, ele virou para mim e disse:

— Que bom você ter me convidado!

Foi só um convite. Não insisti. Aliás, em toda a minha vida, nunca fui de ficar insistindo, exigindo mais do que as pessoas poderiam dar, de imediato. Fiz o contrário disso e devo expor esta dica aos leitores: veja o lado positivo em todos e em tudo, sem receio do lugar-comum que isso possa representar. Porque, às vezes, os expedientes mais básicos são os melhores alicerces evolutivos. À medida que experimenta esse positivismo, espere o tempo da pessoa. Quase todo "sim" precisa de um tempo para maturação. E quase todo "não" está pronto para aqueles que exigem resposta imediata, sob pressão, a qualquer custo; do marido, do líder, da esposa, dos filhos, dos subordinados ou, numa reflexão mais profunda, até mesmo da vida e de Deus.

Foram dois anos de formação e um conteúdo maravilhoso, ao lado da pessoa que amo, com o propósito de sermos melhores pai e mãe, cônjuges, filhos, amigos, enfim, pessoas melhores. No fim, além dos objetivos alcançados, a formação nos reservou muitos ganhos profissionais e pessoais. Caso exista felicidade maior, está escondida em algum lugar por aí.

A visão 4D dita que "o normal" é se matricular em cursos que facilitem maior remuneração e destaque. Acabei de provar, pela primeira de muitas vezes em que farei isso, como a vida pode ser diferente, desde que observada por perspectivas inusitadas. E se algo mudou em sua maneira de enxergar a área dos relacionamentos, faz sentido obter uma visão ainda mais ampla e conectada ao estilo 10D: transformar para melhor.

Prepare-se para romper o casulo 4D...

A pessoa que sabe se relacionar, diferentemente do que talvez se possa imaginar, não é só aquela que fala e ouve bem, ou que utiliza respeito, cortesia e eficiência na tratativa com os clientes. Esses elementos fazem parte de um pacote básico e obrigatório de relacionamento.

O colaborador que busca se relacionar bem gosta e se interessa pelas pessoas. Gosta do que faz, tem o perfil de se comprometer com a resolução de problemas, possui suas ideias aprovadas e quer alcançar as metas, mesmo quando audaciosas.

"Tenha interesse verdadeiro pelas pessoas e pelas histórias que elas trazem. Por consequência, atrairá amigos, oportunidades e negócios."

Carisma e poder de negociação também são elementos-chave da habilidade de relacionamento. O paradoxo é que, eventualmente, o especialista em se relacionar não os tem. É aí que deve entrar em cena a liderança, complementando o pacote de habilidades relacionais. A vantagem é que especialistas em relacionamento têm uma característica muito peculiar: evoluíram de tal maneira que jamais recusam ajuda para evoluir ainda mais.

"Só quem busca evoluir é capaz de cogitar que precisa de outras pessoas, pois admitir ajuda alheia, para muitos, é demonstração de fragilidade."

Outro detalhe que merece ser desnudado nessa despretensiosa análise é a expansão do alcance das relações. Não lidamos apenas com clientes. Em qualquer empresa, tradicional ou cooperativista, em todo projeto que preveja a necessidade de participação intensa de pessoas e grupos, o especialista em relacionamento (cujo perfil deveria ser objeto de desejo dos contratantes) carrega sobre o dorso a necessidade de fazer “algo a mais”, perceber que o relacionamento envolve o meio em que está inserido, as suas funções, as circunstâncias, as pessoas envolvidas e, é claro, as próprias atitudes. Não raro, esse último representa o maior de todos os desafios.

2D
O ser humano D empatia

"Se eu pudesse nascer mil vezes, escolheria o pai e a mãe que tive por exatas mil vezes."

Quando se fala em empatia, logo vem à mente a ideia de se colocar no lugar do outro, buscando compreender os seus sentimentos, dores, emoções, atitudes, ao contrário de simplesmente julgar o seu comportamento, criar estereótipos, criticar, desprezar.

Tarefa difícil a da empatia. Justamente em momentos que não conseguimos sequer compreender nossas atitudes. Tentar colocar-se no lugar do outro, abandonando as próprias preocupações e doando parte de seu precioso tempo para compreender e, muitas vezes, ajudar o próximo, nem sempre faz parte do conteúdo dos treinamentos realizados nas empresas. Pode até ser mencionado, mas raramente é vivenciado no dia a dia dos colaboradores.

Temos a tendência de olhar para os outros e julgá-los. Criamos ou ajudamos a criar estereótipos a partir de algumas atitudes ou comportamentos de colegas de trabalho, justamente para participar daqueles pequenos grupos de "corneteiros" e que partem de uma antiga constatação minha; de que "corneteies ou serás corneteado".

Em palestras que realizo pelas empresas, principalmente quando o cliente aponta problemas relacionados ao *bullying* praticado contra alguns colaboradores, peço que os presentes naquele momento reflitam sobre a seguinte situação:

Um colaborador recém-contratado pela empresa, depois de tomar seu café da manhã com a família, se despede todo orgulhoso, imaginando que deixou o aconchego do lar para integrar à sua "equipe" naquela empresa. Imaginem o andar desse cidadão ao se dirigir ao local de trabalho, peito estufado, rosto sorridente e passadas firmes. Lá chegando, por qualquer razão, acaba sendo alvo de *bullying* patrocinado justamente por seus colegas ou até seu líder. Agora, imaginem o andar desse cidadão deixando a empresa em direção à sua casa. Cabeça baixa, ombros arcados, passadas tristes.

Feitas as devidas reflexões, é comum os presentes concluírem que aquele colaborador foi transformado em "lixo humano" na empresa, e, assim, "devolvido" ao seu lar.

Sim. A pessoa que é alvo de *bullying* ou desprezada pelos demais colaboradores tem a autoestima afetada. E os reflexos disso poderão ser sentidos até na família da vítima, se estendendo, no final, à própria sociedade.

É certo também lembrar: muitas pessoas bloqueiam qualquer possibilidade de alguém se colocar no lugar delas. Às vezes, em razão da autoestima comprometida, a pessoa fica apequenada de maneira injusta, supondo que, do outro lado, os outros a olham com a mesma imagem depreciativa que ela vê refletida no espelho. Nessas ocasiões, talvez a nossa maior virtude esteja em perceber o olhar da outra pessoa e procurar ver o que os olhos dela estão vendo ou deixando de ver.

Preciso, agora, fazer um pequeno aparte, para contar a história de dois personagens interessantíssimos que, não só justifica a frase que menciono no preâmbulo, como também demonstra como a empatia pode transformar adversidades e agruras em felicidade.

O meu avô, paraguaio, apaixonou-se e casou-se com uma argentina, de modo que a sua família acabou residindo na tríplice fronteira, Argentina, Paraguai e Brasil, um pouco em cada país.

Argentina e Paraguai, à época de minha infância e adolescência, simbolizavam dois países onde a cultura comum estabelecia que a mulher se casasse bem cedo.

Eu, que sempre morei no Brasil, aos 16 anos, quando visitava meus parentes na Argentina, era considerada quase solteirona. E para não fugir à regra, minha mãe, que foi criada na Argentina, casara aos 15 anos. Meses depois, um acidente de carro a deixara viúva. Ela, que também sofreu o impacto do acidente, ficou inconsciente por alguns dias e, ao acordar, deu de cara com o impacto da precoce viuvez.

No Brasil, alguns anos antes, um homem, nascido em Piratuba, Santa Catarina, e que já residia em Marechal Cândido Rondon, Paraná, casado, pais de três filhos pequenos e com a esposa grávida do quarto filho, via sua vida desmoronar em razão de uma tragédia ocorrida em sua casa. E como eu sei desses detalhes? É muito simples: o homem de Piratuba é o meu pai e os filhos, os meus irmãos. A única questão é que nesse momento da história de Amandio, meu pai, e Sandra, minha mãe, eu não existia e eles não se conheciam. Mas, isso é só um detalhe do qual o tempo se encarregaria...

Enquanto Amandio estava fora de casa, trabalhando, durante a visita de meus avós, que ainda residiam em Santa Catarina, sua então esposa teve um acesso de fúria e começou a bater num dos filhos do casal. O meu avô, preocupado, interveio do jeito que pôde. Entretanto, foi esfaqueado e não resistiu. Cumpre destacar que meus avós, naquela época, já estavam em idade avançada. O meu pai era um dos filhos mais novos e tinha até mesmo sobrinhos mais velhos do que ele.

Conduzida à prisão, finalmente perceberam que ela tinha problemas psiquiátricos e a internaram numa instituição especializada. A criança que estava em seu ventre, logo nasceu. E o meu pai, àquela altura, tinha um filho de 6 anos, outro de 4, um terceiro de 2 anos, e um recém-nascido. Isto mesmo: quatro filhos.

Em um gesto de muita nobreza, depois da dor do luto, minha avó foi categórica ao conversar com as pessoas que lhe estendiam os braços por solidariedade e empatia.

— Ela matou o meu marido, mas deixou quatro filhos no mundo que não têm nada a ver com isso. Eu não vou mais voltar para a minha casa. Ficarei aqui e ajudarei o meu filho a criar meus netos.

A decisão de minha avó mostra como ela também estava municiada “D” empatia.

Homem de poucas palavras e tão nobre quanto a minha avó, meu pai nunca disse um “A” contra a primeira esposa, tampouco comentava sobre a tragédia que culminou na morte de seu pai e na precoce ruptura do seu casamento.

Com o passar dos anos, meu pai se tornou parceiro de uma grande empresa que possuía uma unidade frigorífica em Toledo e que adquiria muito gado na região. Em razão de ter sido criado no meio rural e trabalhado alguns anos num açougue, era encarregado da seleção e aquisição de animais junto com os criadores de gado e, por ser muito íntegro, logo conquistou o respeito, a confiança e a amizade de todos. Ficou conhecido como o "boiadeiro da Sadia".

Diante da necessidade de sustentar os filhos e a mãe, já idosa, Amandio saía com a caminhonete por toda a região oeste do Paraná, a fim de recolher e transportar gado até a unidade em Toledo. Prestava contas e, no dia seguinte, recomeçava toda a rotina.

Passados uns 10 anos da tragédia que afetou a vida de meu pai, e Sandra, a minha mãe, então viúva havia 5 anos, viera da Argentina para visitar a família de seu tio em Cascavel, cidade distante quase 90 quilômetros de Marechal Cândido Rondon. Esse tio era dono de uma churrascaria e certo dia, uma moça que trabalhava no caixa adoeceu, precisando faltar ao trabalho. No momento em que escutava o tio se queixar do problema para a esposa, a minha mãe ofereceu os préstimos.

— Tio, eu estou por aqui mesmo, a passeio. Nada me custa substituir a moça. Eu lido bem com os números. Posso ficar no caixa, se o senhor quiser.

Os tios se olharam e concordaram. Na hora do almoço, enquanto atendia o caixa, aquela moça de perfil urbano e estatura baixa levantou a cabeça e percebeu quem acabava de entrar. Era o meu pai, o seu exato oposto, homem alto, 15 anos mais velho, roupa e pele marcadas pela difícil lida com os bois. E mesmo com um universo de distância, os olhares se cruzaram. O meu pai chegou a nos contar o que pensou, assim que a viu.

Amandio, tire os olhos dessa moça. É muita areia para a sua caminhonete. Você é só um boiadeiro, tem mãe e quatro crianças para cuidar e alimentar!

Com a autoestima em flagelos, ele sequer imaginava o que minha mãe teria pensado neste instante. Tivemos a sorte de saber, dela, muitos anos depois.

Tá aí um homem forte, com jeito de esforçado e que não deve recusar trabalho duro!

A percepção dela ultrapassou as inegáveis marcas que a história de vida do meu pai o obrigava a carregar. Não haveria como aquele homem disfarçar o andar e o olhar, sabendo que tinha quatro filhos e a mãe para sustentar, sem contar o peso da tragédia ocorrida no seio familiar. Atitude de quem agiu como uma pessoa "D" empatia.

O boiadeiro da Sadia almoçou um pouco desconcentrado, alheio às garfadas que iam e vinham. Chegado o momento de pagar a conta, a minha mãe narra que olhou para as mãos dele, com calos que se emendavam uns nos outros, e reparou os tantos cortes nas palmas, gerados pela frequente laçada dos bois que transportava.

A coisa quântica deu o seu jeito. A funcionária que atuava no caixa antes da minha mãe pediu demissão e os meus tios cogitaram contratar uma substituta. Minha mãe protestou:

— De jeito algum. Enquanto eu estiver aqui, podem contar comigo!

Nas semanas seguintes, o boiadeiro da Sadia deu um jeito de almoçar naquela churrascaria em várias ocasiões. Em nenhum momento se atrevia a "puxar prosa". Ele procurava sentar-se no mesmo lugar, almoçava e, timidamente, contemplava a minha mãe, sem que muitos percebessem. E nada mais.

Logo, olhares passaram a ser trocados, o clima de romance ficava no ar e nada acontecia.

Impaciente com a situação, a minha mãe tomou a decisão numa sexta-feira. Por sorte, naquele dia o movimento no caixa estava menor e quando recebeu o dinheiro das mãos dele, ela, que sempre se mostrou uma mulher de vanguarda, ousou um pouco mais.

— Escuta, eu tava aqui pensando. É você que dirige aquela caminhonete com os bois, né? Onde você mora?

— Eu moro em Marechal Cândido Rondon e viajo toda a região, comprando e transportando gado para a Sadia.

Foi tudo que a timidez dele permitiu responder.

Ela percebeu que precisaria dar um empurrãozinho.

— E você gosta de ir ao cinema? Será que um dia desses, depois que terminar o seu trabalho, você me levaria ao cinema?

Diante da pureza do convite para ir ao cinema, o coração batendo sem controle, o boiadeiro da Sadia finalmente teve coragem de responder à altura:

— Moça, tudo que eu mais quero na vida é ir com você a algum lugar. Só que não tive coragem de convidar.

Os dois sorriram. O trecho entre Cascavel e Marechal Cândido Rondon que os separava levava um bom tempo para ser vencido. Se hoje demora cerca de uma hora, imagine por aqueles dias de estrada de terra batida. No sábado, um dia após o ousado convite de minha mãe, foram ao cinema em Cascavel. Outro homem no lugar dele, quem sabe, omitiria algumas coisas. O boiadeiro da Sadia jogou limpo.

— Tenho uma coisa importante para te contar: eu não te chamei antes pra sair porque tenho quatro filhos e minha mãe vive comigo. A mãe dos meninos está internada num sanatório, por assassinar o meu pai.

Ela o olhou, sem qualquer sinal de julgamento ou preconceito, e devolveu:

— Eu também já fui casada. Meu marido morreu num acidente, logo depois do casamento.

Importando para a realidade em que vivemos,

como seriam os relacionamentos, principalmente nas empresas, se todos procurassem ser sinceros desde o primeiro contato? Em vez disso, há colaborador que voa alto na entrevista e, depois de contratado, não sai do chão.

Muito diferente do que acontece hoje, no primeiro encontro não rolou sequer um beijo. Eles passaram a se encontrar com mais frequência e começaram a namorar. Minha mãe abriu o jogo para a família, na Argentina. A mãe dela, minha avó de lá, teve uma reação que todos nós haveremos de compreender.

— O homem foi casado, tem quatro filhos, mora com a mãe e tem uma mulher que está num sanatório. Será que você também ficou louca?

Sandra encarou as críticas e continuou ajudando os tios, na churrascaria, enquanto pôde, e decidiu assumir o namoro. Até que chegou o dia de conhecer os filhos e a mãe do boiadeiro da Sadia, agora seu namorado, Amandio. Ocorre que a minha mãe é morena e o meu pai, outra vez, foi sincero.

Antes que o leitor decida julgar a minha avó paterna, cabe ressaltar que, naqueles tempos, o preconceito racial impregnava algumas comunidades, principalmente onde prevalecia a ascendência europeia. Então, peço desculpas, porque minha avó nada fez que não tivesse presenciado no meio em que foi criada, numa época, infelizmente, marcada pelo preconceito racial. Ou seja, embora tenhamos vencido este capítulo da história, era a realidade que se vivia.

O boiadeiro da Sadia disse:

— Olha só, preciso adiantar que minha mãe talvez implique com a tua cor de pele mais morena. Para ela, você é *schwarz*[1].

De fato, segundo consta, o olhar de minha avó foi o suficiente para mostrar que desaprovava a escolha do filho. Contudo, a minha mãe, outra vez, usou da empatia para entender a forma como aquela senhora enxergava o mundo. Viu o preconceito e o enfrentou com o amor.

Não tardou e minha mãe mudou-se, para viver com os meus irmãos, o meu pai e minha avó. Aos poucos, o preconceito da avó foi esvaído e as crianças encontraram na madrasta um importante apoio familiar.

Nos últimos dias de vida da minha avó, já acamada, ela foi alimentada e cuidada pela minha mãe. Recebeu todo o amor e os cuidados da mulher de pele morena, cor diferente daquela que minha avó aprendera, na infância, a admirar, mas que, na velhice, soube amar e respeitar. Só uma coisa a lamentar: eu não tive a chance de conhecer essa avó, que partiu antes de meu nascimento.

1 - *Schwarz* – preta, em alemão. Como registro histórico-sociológico, na época do racismo, era uma das primeiras palavras em alemão que as crianças sulistas aprendiam (a maioria dessas crianças dominava a língua alemã).

Até hoje, minha mãe recebe o notório carinho de todos que compõem a nossa família por parte de pai. A maioria dos familiares fez uma leitura de resgate, como se a minha mãe tivesse, e faz todo o sentido, tirado o meu pai da tristeza e da sua areia movediça, para trazer de volta o seu brilho no olhar, acrescentando felicidade aos atributos de vigor e coragem que ele facilmente fazia transparecer.

A vida do boiadeiro da Sadia era resumida a trabalhar, cuidar dos filhos, e, às vezes, "tomar uma" para amenizar a tristeza e enviar dinheiro para cobrir despesas de internação no hospital psiquiátrico da ex-mulher. Com a chegada da minha mãe, as cores voltaram àquela casa, e, dessa união que já formava quatro irmãos, nasceu Heda, minha irmã, em 1970. Foi uma alegria, principalmente para o meu pai, que ainda não tivera uma menina. O nome de Heda foi escolhido para honrar uma toureira de quem ele era fã.

Não bastasse tanta alegria, gente e felicidade, adotaram mais uma criança, o nosso irmão Jonas, em 1972. Até que em 1977, decidiram ter mais uma criança, a sétima a integrar a família que resultou da união entre o boiadeiro da Sadia e a caixa da churrascaria (nunca ouvi nenhum deles dizer o **meu** filho ou o **seu** filho). A criança da vez fui eu. E sem querer, quando eu já estava adulta, numa agradável conversa memorialista, ela me contou o que aconteceu logo a seguir:

— **Elaine**, eu estava amamentando você. Até fazíamos planos de ter mais um filho um dia, porém nunca imaginamos que aconteceria tão cedo. De repente, senti um movimento na barriga, e, quando percebi, estava grávida outra vez.

A percepção dela resultou num teste, que se confirmou. O nosso irmão caçula, Edson, que eu carinhosamente apelidei de "Eto", era a criança da vez e, agora sim, a quarta dessa empática história de amor, a oitava na história daquela união.

A história do casal formado pelos meus pais tem muito "D empatia" a ensinar. Eu sei que, como filha, sou suspeita, mas tenho certeza de que você concluiu a mesma coisa.

Quando um se colocou no lugar do outro, procurando perceber como o outro estava vendo a realidade, fizeram "algo a mais", transformaram as tristezas da vida em oportunidades para a felicidade.

"Viva a TPM – Transformação Para Melhor."

E se você ainda não percebeu como essa história pode inspirar qualquer pessoa, eu demonstro:

A justiça está repleta de casos de divórcio. Nenhuma tragédia, nenhum crime. Muitas vezes são apenas três pessoas: o casal e um filho. Quando o juiz pergunta se existe a possibilidade de reconciliação, escuta algo mais ou menos assim:

— Temos incompatibilidade, não conseguimos compreender um ao outro!

— Não conseguimos transpor algumas barreiras!

No processo profissional de desligamento, os profissionais de Recursos Humanos explicam os motivos da demissão e abrem espaço para opinião e críticas. E escutam:

— Eu fiz o que pude. Não tenho culpa se nunca é bom o bastante!

— Não tem problema, eu já sei que funcionário é só um número mesmo!

Isso mostra que estamos preparados para criticar e justificar os relacionamentos, evidencia que somos especialistas em transferir aos outros a responsabilidade pelos eventos, ao mesmo tempo em que não conseguimos compreender o outro e permitir ser compreendido.

Certamente, líderes e colaboradores perderam diversas oportunidades ao deixarem de exercer a empatia, pois no momento em que você percebe a forma como o outro está vendo a realidade, e esse também se permite à abertura, uma nova realidade é construída, aflora-se o sentimento de integração verdadeira à equipe ou à empresa.

A prática da empatia sugere as seguintes constatações para a sua melhor compreensão:

- A noção da extensão e da intensidade da dor pertence ao outro;
- Expectativas depreciativas devem ser evitadas;
- Em alguns casos, é preferível agir em benefício mútuo a esperar que o outro tome a atitude;
- Não devemos julgar o que não entendemos;
- O amor vence o preconceito;
- Todos têm pontos fortes e são esses que precisam ser valorizados;
- Entender a pessoa pelo que ela é e não pelo que gostaríamos que fosse;
- Diminuem-se as desigualdades quando somadas as diferenças;

Devemos aceitar a pessoa com a realidade e as pessoas que ela carrega em sua história.

Fica claro que a empatia é um elemento fundamental para as evoluções familiar e corporativa. Pessoas "D" empatia fazem "algo a mais", constituindo-se em verdadeiras bênçãos nas famílias e empresas.

Sem empatia, provavelmente o meu pai, com o episódio que culminou com a morte do meu avô e o separou de sua primeira esposa, ficaria sozinho para sempre, quem sabe deprimido, infeliz, desgostoso com a vida por assim dizer. Sem empatia, minha mãe não teria se permitido, como muita gente, viver um grande e feliz amor.

Será que os empresários têm dado conta de identificar, empaticamente, os colaboradores que precisam transpor algum sofrimento? Têm eles incentivado seus colaboradores a praticarem a empatia, mesmo que pelo exemplo?

E você, leitor (a), tem sido uma pessoa "D" empatia? Ou simplesmente prefere julgar os outros com base na sua razão? Tem se permitido a convivência com pessoas "D" empatia? Ou está se permitindo viver uma espécie de "estabilidade nociva", vendo sonhos sepultados, realizações profissionais retardadas e grandes paixões reprimidas?

As reflexões são propostas por mim. As respostas são todas suas...

O ser humano D fé 3D

"A fé é a certeza de que vamos receber as coisas que esperamos e a prova de que existem coisas que não podemos ver." Hb 11:1

Aproveito para prestar um esclarecimento, um *feedback*, em respeito a você que lê o conteúdo. Ao curso da obra, procurarei compartilhar com você muitas concepções que tive, a partir dos fatos que presenciei ou me foram contados, para que os seus anseios pessoais e empresariais sejam alcançados. Enquanto faço isso, talvez veleje pelos mares da vida pessoal em alguns instantes e ainda que o faça, evidencio que será por uma boa e conectada razão didática, pois o que aprendi nessa família em que tive a felicidade de nascer e com as pessoas que conheci pode inspirar você a encontrar muitas respostas e soluções. Assim dito, vamos em frente...

Sandra, minha mãe, é uma pessoa de muita fé e sensibilidade. A gravidez dela, por ocasião de meu nascimento, foi marcada por hemorragias e exigiu muitos cuidados. As palavras do médico em uma das internações foram inequívocas.

— Sandra, você corre o risco de perder o seu bebê.

— Doutor, quero que faça o que precisar. Eu coloco essa criança nas mãos de Deus. Se for para vir ao mundo e fazer coisas boas, o bebê se manterá em minha barriga. Se não for essa a vontade dele...

A minha mãe conta que não precisou terminar a frase. O médico percebeu o olhar "D" fé dela e não a questionou. Assim que o médico deixou o quarto, Sandra se pôs a orar:

— Deus, se for uma pessoa que fará o bem, me ajude a mantê-la em minha barriga. E se for alguém que virá para fazer maldades, vou entender a Sua vontade de tirá-la de mim.

A partir desse dia, o sangramento cessou e a minha mãe narra que esperou com ansiedade a chegada de um menino. Contudo, errou feio no palpite e no enxoval, todo azul. Seus instintos diziam que seria um menino, e, para sua surpresa, de roupinhas e banheira azul reservadas, vim ao mundo com 4,850kg.

Sempre que uma empresa me convida a ministrar palestra aos seus colaboradores, procuro trabalhar, também, em favor de um bom resultado individual nas áreas pessoal e espiritual, pois acredito que o colaborador será melhor profissional quando as demais áreas estiverem fortalecidas.

Embora eu não tenha por hábito enaltecer qualquer religião ou denominação, costumo dizer que a fé é uma grande aliada e justifica a perseverança.

Sem ela, tudo fica mais difícil, quase inalcançável.

A experiência da gravidez com fé corrobora as minhas alegações. O fato de ela "colocar nas mãos de Deus" e aceitar o resultado permite a formação de uma visão mais positiva do futuro.

O nome Helda Elaine foi escolhido por meio de um acordo entre o casal. Quando jovem, meu pai viu uma garota da região sul que achou lindíssima. Perguntou a alguém acerca do nome e soube que ela se chamava Helda. Os dois nunca se falaram ou se conheceram, mas ele me disse que pensou: Helda, mais um nome forte para colocar numa filha.

Da parte de minha mãe, Elaine fora a sua primeira professora e marcara sua infância. O casal negociou e definiu que Helda Elaine resolveria a questão.

Diferentemente de todos os meus irmãos, eu dormia pouco e chorava muitíssimo. Conta-se que eu era diferente, reservada e chorona. Heda, minha irmã mais velha, como a maioria das crianças, desfiou as primeiras palavras por volta de 8 ou 9 meses. No meu caso, com mais de 2 anos, ainda não esboçava sequer uma palavra.

Novamente, minha mãe colocou a situação nas mãos de Deus. Até estava pronta a aceitar que sua filha não precisaria falar para fazer o bem. Mas, primeiro precisava manter a fé e perseverar. Juntamente com meu pai, buscou recursos e procurou especialistas, a fim de diagnosticar a mudez ou, quem sabe, descobrir o problema a ser resolvido.

De um lugar a outro, com muitos quilômetros percorridos, nenhum especialista sequer oferecia solução. Minha mãe, percebendo que os médicos não diagnosticavam qualquer problema que impedisse a fala, não aceitou o meu comportamento como algo imutável. À maneira dela, com carinho, muito tato, e, sobretudo, perseverança, fez o possível para que eu finalmente falasse. Até que às vésperas do terceiro aniversário, desatei a falar. Curiosamente, em vez de papá, mamã e outras falas abreviadas, típicas da criança que está aprendendo, eu já iniciei falando palavras inteiras.

Era um bebê birrento. Eu, que hoje sou uma pessoa calma, que priorizo o lado bom das pessoas e das coisas, me enervava com tudo, na fase de bebê. E por isso, defendo a transformação em minhas palestras, destacando que sou a prova viva de que funciona.

A introversão não teria fim ali. Era só o início. Eu passei a falar muito bem, porém permanecia "bicho do mato". Quando chegavam visitas, adultos ou crianças, eu me recolhia ao quarto e de lá não saía. Lembro de que considerava a visita uma invasão à casa da minha família, mesmo que os meus pais e irmãos visivelmente estivessem felizes.

Nessas horas, penso que minha mãe poderia ter ficado em dúvida de como eu me tornaria uma pessoa que buscasse fazer o bem, pois não conseguia sequer interagir com visitas na casa da família. Quem olhasse para aquela garotinha que se escondia ao chegar alguma visita, jamais suporia que algumas décadas depois, ela viajaria por todo o país, convidada por empresas dos mais variados perfis, como palestrante.

Fé e perseverança também foram ingredientes fundamentais utilizados por uma professora que fez toda a diferença em minha vida.

Quando iniciei a fase escolar, o pesadelo de ter que lidar novamente com crianças e adultos além dos familiares, ganhou força. Eu estava apavorada:

— Eu não vou para a escola.

— Por que não vai, Elaine? (lembre-se de que minha mãe escolheu o meu segundo nome e, como mãe é a rainha da casa, meus familiares sempre me chamaram pelo nome Elaine).

— Porque não.

Por alguns poucos dias ela respeitou a decisão, imaginando, sábia que era, a "doença" que me impedia de ir à escola: "bichodomatice". Negociadora e perseverante que era, procurou conversar, insistir e todos os dias, chegava a colocar a roupa da escola em mim, mas eu não ia. No quarto dia que sucedeu a minha pretensa decisão (como se uma criança decidisse qualquer coisa), ela perguntou outra vez:

— Hoje eu posso contar que você vai para a escola, Elaine?

— Não vou, não vou e não vou.

Paciente, ainda me trocou e colocou a camiseta branca e verde, a saia rodada de pregas, as meias e os sapatos. Penteou os meus cabelos com paciência e carinho.

— Você vai para a escola, Elaine?

— Não vou, não vou e não vou.

— Eu vou precisar tomar outras medidas?

— Não vou, não vou e não vou.

Ela assumiu sua função como "varaterapeuta". Foi até o nosso jardim e voltou com a vara nas mãos, recém colhida da roseira branca. Olhou para mim com firmeza e disse:

— Eu pego a vara conforme a criatura aguenta. Hoje você vai para a escola!

Foi a primeira e única surra. Aliás, corrijo-me. Não foi uma surra, e sim uma bênção. Ela me levou, a pé, para a escola. Durante uma quadra, de poucos em poucos metros, eu recebia uma varada e uma lição.

— Tô te batendo pra você estudar, crescer e ser uma pessoa correta!

Slap...

— Tô te batendo pra você aprender a estudar e um dia fazer faculdade!

Slap...

— Tô te batendo pra quando você for grande, trabalhar, ter o seu dinheiro e não ficar dependendo dos outros.

Slap...

O choro foi engolido antes mesmo de adentrar na sala. No dia seguinte, eu estava pronta para ir à escola antes que ela me chamasse. E, a partir de então, ir à escola virou uma saudável obsessão. Até a fase adulta, mesmo quando estivesse doente, eu não faltei mais às aulas.

Se você sentiu alguma piedade por conta desse relato, sugiro que se desapegue do sentimento, porque em vez de lamentar, eu sou grata. Não fosse essa "terapia", será que eu estaria onde estou hoje? Será que eu teria conseguido ser uma das palestrantes mais recontratadas do país?

Não devo afirmar que a "terapia" utilizada pela minha mãe cura qualquer tipo de indisciplina. Posso garantir que a forma utilizada pela minha mãe poderia até doer tanto quanto a surra que as outras mães davam em seus filhos. No entanto, havia uma diferença peculiar: as mães das outras crianças, quando batiam, diziam palavrões e faziam xingamentos de toda espécie, enquanto a minha mãe dava uma verdadeira palestra motivacional.

Ultrapassado esse momento inicial, passei a me destacar dentre os melhores alunos, tanto em relação às notas altas como ao bom comportamento.

No entanto, entrava muda na sala e saía calada. Ficava na minha. Quando falavam comigo, muitas vezes eu nem respondia, porque além da timidez, achava muito estranho me chamarem de Helda, já que até os 6 anos, em casa, todos me chamavam de Elaine, inclusive o meu pai, que tinha escolhido o nome Helda.

Hoje, como palestrante, assumo o microfone diante de milhares de pessoas com total desprendimento. Ontem, porém, era uma menina tímida, retraída, com mínimas interações pessoais e enorme dificuldade de ler em voz alta, na frente dos outros. Ficava ofegante, confundia as linhas e as palavras pareciam desaparecer. Em casa, minha mãe percebia algo estranho em relação ao comportamento e dava suas orientações evolutivas.

— Você deve conversar com as pessoas, aprender com elas, ser atenciosa, gentil, boa ouvinte e não dar bola para o que os outros pensam sobre você.

Ela nem imaginava que eu fazia de tudo para não falar com ninguém. E não teria como imaginar. As notas eram excelentes e nas reuniões de pais, ela escutava que o meu comportamento era exemplar (claro, eu não abria a boca).

Embora a leitura fosse a minha companheira no âmbito do lar, a ideia de ler em voz alta e na frente dos outros era um pesadelo. Tinha pavor dos professores que nos obrigavam a isso.

Peço outro aparte para oferecer a você, que lê a obra, a analogia dessa situação com a vida de cada um: quantas pessoas que você conhece são exímias em determinada tarefa na empresa, e por medo de falar em público, não se arriscam? E acaso, conhece alguém que tenha deixado de realizar os sonhos porque a voz do medo foi mais alta do que a voz da realização?

Eu seria uma dessas pessoas, não fosse o evento e a pessoa que protagonizará este "D".

E de volta à história, quando surgiam aqueles professores que nos obrigavam a ler em voz alta na frente dos demais alunos, ao chegar a minha vez de ler, eu tecia as estratégias.

— Professor, posso ir ao banheiro?

— Professora, o pessoal da secretaria pediu que eu passasse por lá. Posso ir agora?

A cada situação, eu inventava uma desculpa diferente, até que chegou uma nova professora de geografia, Angela Agostini Pinto. Ela lecionava às terças e quintas, com um método que me apavorou assim que o divulgou.

— Cada aluno vai ler um trecho e eu explico em seguida.

Por fila, os alunos seguiam lendo e estava chegando minha vez. Usei as estratégias e escapei algumas vezes. Um dia, ela disse algo que fez a minha alma gelar.

— Helda, antes de ir embora, ao final da aula, venha conversar comigo.

A professora Angela me olhou com atenção, fixou seus olhos profundos e inquisidores nos meus e passou a empregar toda a sua fé e perseverança, dignas da missão de uma abençoada professora. Concedeu-me o maior presente do futuro que obtive nos bancos escolares:

— Tenho reparado que você sempre tem uma desculpa a oferecer quando é a sua vez de ler. Por que faz isso, Helda?

Eu não me daria por vencida. Ao menos para escapar da leitura, era articulada, tinha bom vocabulário. Afinal, lia com frequência em casa e (imaginava que) saberia escapar daquela saia-justa.

— Deve ter sido coincidência, professora.

Não convencida, sacou um livro da bolsa, apontou para um longo parágrafo e disparou:

— Leia esse trecho pra mim, por favor.

Fiquei desesperada, com o coração nas mãos. Falei o que a mente foi capaz de criar.

— Eu não sei ler.

— Espere aí, você tem 12 anos e está na sexta série. Eu sei que você sabe ler. O que está acontecendo?

— Tá bom, eu confesso. Eu amo leitura, mas detesto ler na frente das pessoas. Por favor, não me peça isso, professora.

Inabalável, ela profetizou:

— Helda, vou fazer uma coisa que hoje você

não vai entender, mas que um dia, vai me agradecer. Hoje é terça-feira. Na próxima aula, quinta-feira, só você vai ler em sala de aula.

Estávamos a sós na sala. Caí de joelhos, e, com as mãos juntas em sinal de oração, implorei:

— Professora, não faça isso comigo. Como é que vou agradecer um dia? Eu não consigo ler na frente dos outros. Por favor, me peça qualquer outra coisa.

Ela me levantou, pediu que não ficasse daquele jeito, disse que acreditava em meu potencial e sentenciou.

— Até a próxima aula, Helda.

O meu maior segredo estava começando a ser revelado. Cheguei à minha casa péssima e silenciei o acontecido, imaginando que tinha encontrado uma saída, um pouco mais cedo, durante a volta para casa: pediria para trocar de período, e, em vez de estudar pela manhã, estudaria à tarde.

— Mãe, sabe o que é? Andei pensando e queria tanto estudar à tarde!

Como não existe plano perfeito, eu não contei com a sagacidade de minha mãe e nem com a crença popular. Naquela época, acreditava-se que o rendimento escolar era melhor quando a criança estudava pela manhã.

— Por que quer estudar à tarde? Seus irmãos sempre estudaram pela manhã. Qual é o motivo disso?

— Ah, sei lá, mãe. Pensei que poderia ser bom ter uma experiência diferente.

— Negativo. Você vai estudar pela manhã.

Em minha cabeça de criança, ainda teria o dia seguinte, quarta-feira, véspera do "DIA D" para convencer minha mãe a mudar o horário de estudo. Conversei com a amiga Nadia e desabafei. Contei tudo. Nadia me chamou à razão.

— Helda, a professora Angela dá aulas à tarde. Minha prima estuda com ela. Mesmo que sua mãe aceite, não vai adiantar nada.

Pensei em outro plano: mudar de colégio.

Repare, leitor (a), na semelhança entre o que fiz, por meio dos infantis planos de criança, com o que se observa na vida adulta, quando tantas e tantas pessoas preferem sabotar um talento profissional a enfrentar os fantasmas que as cercam. As empresas estão repletas de colaboradores que agem assim, ainda que não percebam.

"Enquanto tenta, em vão, escapar da realidade, ser humano algum evolui."

E lá fui, para a última tentativa.

— Mãe, tava aqui pensando nos meus irmãos. Todos estudamos na mesma escola. Seria tão legal mudar. Tem aquele outro colégio, um pouco mais longe, dizem que é muito bom. O que acha?

A paciência dela começou a diminuir:

— Sente-se aqui, Elaine. O que tá acontecendo? Você quer estudar do outro lado da cidade, quer mudar de período... Tem alguma coisa aí.

— Nada, eu só queria umas experiências novas. Sei lá, dê uma pensada nisso. Pode ser?

Ninguém engana a minha mãe. Quando ela olha firme nos olhos do interlocutor, desvenda qualquer mentira.

— Já pensei. É não e ponto final. Se quiser dizer o que está acontecendo, posso até avaliar a mudança. Do contrário, vai continuar estudando no mesmo colégio e horário.

Eu sabia que se falasse, ela iria até a professora Angela e concordaria com a ação. Estava cercada. Diferentemente da maioria dos pais, que exigiria a verdade a qualquer custo, Sandra negociava discretamente para que eu contasse. E me mantive em silêncio.

Sem alternativa, elaborei o próximo plano. Decoraria o livro de geografia. Selecionei os possíveis trechos e pensei:

Vou me familiarizar com o texto e com o dedo, vou acompanhando. Caso me esqueça de algum trecho, basta ler só esse pedacinho.

Outra curiosidade é que a expressão familiarizar não foi colocada aqui à toa. Aos 12 anos, pensei exatamente nessa palavra. E plano após plano, passei toda a quarta-feira lendo o livro de geografia. A noite de quarta pareceu bem mais longa, e, quando o sol despontou, trouxe consigo o irremediável destino: encarar a leitura na frente dos outros.

Naquela quinta-feira, eu não tirava os olhos do relógio. De minha cadeira, vi quando a professora Angela adentrou na sala, como se o carrasco tivesse entrado no mesmo ambiente que o futuro enforcado. Ela tomou assento, saudou a todos e fez a chamada, como se nada estivesse acontecendo. Dentro de mim, um vulcão estava em erupção.

Tão logo terminou a chamada, ela passou a demonstrar que estava construindo uma base sólida para a minha evolução:

— Pessoal, hoje a aula vai ser diferente. Temos uma pessoa com um pouco de dificuldade para a leitura. A sala de aula é como se fosse um laboratório para experiências. Aqui, podemos acertar, errar e evoluir juntos. Eu reparei que a maioria lê muito bem quando eu peço. Ao mesmo tempo, vários de vocês têm dificuldades em matemática, história, português e outras disciplinas. Fui olhar o boletim dessa pessoa com dificuldade de leitura, conversei com outros professores e descobri que é uma excelente aluna, com maravilhosas notas em todas as disciplinas. Ou seja, se vocês derem ajuda para que melhore sua leitura, tenho certeza de que ela poderá ajudar vocês a melhorarem nas demais disciplinas. Isso sim é um bom colégio. Nós colaboramos com a dificuldade do outro e o outro colabora com a nossa dificuldade. Essa colega é a Helda. A partir de hoje, por um certo período, só ela vai ler nas minhas aulas. Assim que nivelar a capacidade de leitura com a de vocês, retomaremos o rodízio para ler.

Tivesse simplesmente dito a todos que a partir daquele dia eu faria a leitura dos textos, teria enterrado o pouco que restava de minha coragem e da autoestima. Reside aqui a sensibilidade da professora Angela.

Acredite. Na vida adulta e no interior das grandes corporações, isso acontece a todo instante. O líder que não é treinado para agir como orientador acaba enterrando talentosos colaboradores, justamente por não perceber alguma fragilidade pontual que o colaborador está vivenciando.

Antes de pedir para que eu começasse a ler, a professora Angela virou para mim e relativizou o pesadelo:

— Helda, se os colegas tiverem dificuldade, por exemplo, em matemática, você pode ajudar?

Respondi que sim e como última ação, ela pegou o livro negro. Olhou para todos e disse:

— Vocês devem ser uma turma unida. Tenho certeza de que a Helda não vai debochar ou menosprezar o colega que estiver com nota ruim em outras disciplinas. Em vez disso, ela confirmou que vai ajudar vocês. Então, enquanto ela lê, se alguém começar a rir, vou ter que pedir para assinar o livro negro e, na reunião de pais, vou contar que o aluno, no lugar de dar a mão e ajudar a colega, debochou da dificuldade dela. Posso contar com vocês?

A professora Angela fez o que todo gestor deveria fazer, nas empresas: reunir a equipe em favor de alguém que sempre ofereceu ótima performance e por alguma causa, de repente ficou para trás.

Depois do coletivo "sim", a professora disparou:

— Então, vamos cooperar para essa colega melhorar a leitura. Helda, pode começar!

A tentativa de decorar mostrou-se um fiasco. Subiu um calorão, tudo ficou preto e branco, comecei a gaguejar e onde estava escrito planície, eu lia planalto, com a tentativa ansiosa de adivinhar o que estava escrito antes de ler. E já conseguia ouvir os sons de quem tenta conter a risada, vindo dos fundos da sala.

Ela repreendeu os dois grandalhões repetentes. Outra vez, ofereceu um breve discurso de inclusão e toda a sala silenciou, sem que ninguém precisasse assinar o livro negro.

Aos poucos, fui melhorando, me acalmando e dando conta do recado. A professora Angela, líder nata, fazia pausas contínuas, em tese para explicar a matéria, e na verdade, procurava dar-me a chance de respirar e preparar a leitura do próximo parágrafo.

Durante aproximadamente três meses, só eu li em sala de aula. Aos poucos, os alunos foram se aproximando e pedindo ajuda nas demais disciplinas, porque em todas eu caminhava bem. Quando alcancei o nível de leitura dos demais, a professora Angela deu mais uma demonstração de que estava construindo uma base sólida para a minha evolução.

— Pessoal, quero agradecer pela ajuda que prestaram à colega de vocês e, como tenho acompanhado as suas notas em outras disciplinas, também quero agradecer à Helda pela ajuda que ela tem dado a cada um. Isso sim é uma turma unida. E como a Helda já alcançou ótima capacidade de leitura em público, a partir de hoje, todos os alunos vão ler pequenos trechos aqui na frente.

A estratégia da perseverante professora colocou toda a sala em pé de igualdade, pois ler em pé, diante de todos, não é tarefa fácil. Quando chegou a minha vez, eu tinha evoluído tanto que não precisei mais pedir para ir ao banheiro ou à secretaria. Além disso, passei a olhar nos olhos dos colegas, conversar, interagir e fazer novas amizades. Por outro lado, isso não significa que eu estivesse calma.

Na minha vez, fui caminhando até a frente da sala, tão nervosa quanto qualquer colega. A nossa sala, assim como o restante do colégio, estava com a pintura renovada, bem branquinha. E quando comecei a ler, encostei o pé na parede atrás de mim, para sustentar o corpo. A professora chamou minha atenção.

— Helda, você está com o pé na parede que acaba de ser pintada.

— Desculpe, professora.

Continuei a ler e dessa vez, a sala toda riu, não por deboche, e sim porque a situação era irresistível ao riso. Ao retirar o pé esquerdo da parede, sem perceber, coloquei o direito.

A terra vermelha da região oeste do Paraná, além de ser extremamente produtiva, encarde tudo por onde passa. Os meus dois pés demarcaram naquela alva parede um momento de muita transformação a mim e a todos daquela sala. Pode-se dizer que ali, ficaram os pés sujos da liberdade.

O meu mundo se abriu. Dois anos mais tarde, eu tinha ajudado a montar uma espécie de rádio na escola e saía entrevistando todo mundo. Caminhava com os ombros erguidos, a postura feliz e a autoestima revigorada. Fazia novas amizades, lia e falava com desenvoltura. E principalmente, passei a me sentir pertencente àquele lugar.

"Nada é mais libertador e poderoso do que a sensação de pertencer."

A professora Angela comprovou que existia em mim algo que nem eu conseguia ver, mas que ela tinha certeza que estava lá. E, com essa fé, ela perseverou, concedeu-me um presente evolutivo que alcançou os demais colegas. A evolução não se limitava a aprimorar a minha expressão e leitura ou suplantar a timidez. Visava a melhorar o meu relacionamento com os outros alunos, tornar-me mais comunicativa, desprendida e confiante. Não se limitava a incutir nos demais alunos a necessidade de praticar empatia, mas de perceber que os relacionamentos interpessoais são vias de mão dupla, onde todos lucram.

Peço a sua permissão para tecer uma analogia com a nossa vida, já adultos. Você conhece algum estudante universitário que, chamado a apresentar o trabalho, treme de medo? E você já ouviu falar de algum profissional, em sua empresa, que costuma comentar o pavor que sente de falar em público?

Se a sua resposta é positiva, você entendeu por que estou contando detalhes desse case. A professora Angela, além de ter muita fé na minha superação, chamou para si a responsabilidade de ir além do conteúdo, de desenvolver pessoas, de transformar limitações em expansões, oportunidades e diferenciais. Ela fez "algo a mais".

Trazendo ainda mais a situação para o presente,

concluo que a limitação que fazia eu me esconder, hoje é o diferencial que me mostra. O que me aprisionava, hoje me liberta. Ainda sou uma pessoa um pouco tímida, mas isso é meu e "eu me encontro" dessa maneira. Contudo, depois da professora Angela, nunca mais perdi uma oportunidade na vida. Se me chamam para falar na rádio, na televisão, no palco, estou pronta antes que a pessoa termine o convite.

Quem me vê hoje, como palestrante e escritora, jamais imagina que um dia fui tão retraída. Conversando com o meu marido, que também tem curiosidades acerca da evolução do ser humano, concluímos algo importante sobre essa e outras tantas experiências vivenciadas por nós:"*starts*" evolutivos na vida da pessoa ocorrem nos momentos em que ela se abre para a comunicação por meio da oralidade.

Se você, leitor(a), refletir sobre os momentos que podem ter causado evoluções em sua vida, certamente vai se deparar com aqueles que envolveram alguma apresentação ao público, seja na escola, na faculdade, na igreja, no trabalho. A necessidade de falar em público, sujeita à apreciação do conteúdo apresentado e da performance, leva a pessoa a empregar todo o seu conhecimento e energia na preparação do material e na própria apresentação, muitas vezes superando limites, resultando em uma nova evolução na sua vida. E, não raro, temos líderes como a professora Angela, que acreditam em algo dentro de nós, capaz de superar dificuldades. Com os pais e os demais familiares, precisamos da inabalável fé de que viemos ao mundo para sermos pessoas de bem e boas naquilo que nos propomos fazer.

Como as minhas palestras sempre se baseiam na realidade que experimentei, em vez de teorias nunca vivenciadas, não coincidentemente criei a palestra "Líder Descobridor de Potenciais", para honrar a professora Angela e mostrar como essa história pode inspirar pais e mestres, além de empresas e projetos de vários segmentos.

Eu tinha as melhores notas e parecia um bicho do mato. Isso me leva a indagar: quantos grandes profissionais apresentam os melhores números e por dentro, estão deprimidos, aguardando a demonstração de que o seu líder, "a professora Angela" do trabalho, acredita em seu potencial?

Imagino que a professora Angela nem saiba disso, mas ela transformava, positivamente, a minha vida e o problema que eu trazia. E a você, que lê a obra, a minha professora oferece, por meio desse relato, uma aula integral que vai da perseverança até a excelência:

Ao dizer que eu tinha "um pouco", relativizou o "*gap*", em vez de me colocar para baixo. Ao não revelar o meu nome enquanto pedia ajuda aos colegas, logo de imediato, evitou um desnecessário constrangimento. Ao solicitar cooperação, tornou coesa uma sala de crianças cujos resultados poderiam e deveriam ser copiados por todos os professores. Ao inserir o conceito de multidisciplinaridade, tão em voga nas empresas, gerou o desejo de ajuda recíproca e pude ensinar aos colegas, enquanto me apoiavam. Ao facilitar a integração, fez com que os extrovertidos ensinassem o estilo despojado aos introvertidos, que temiam até conversar, como era o meu caso. E também fez os introvertidos ensinarem comedimento aos extrovertidos, como foi o caso dos repetentes que de uma hora para outra, passaram a se interessar pelas boas notas. Ao promover a inclusão, fez cada aluno, inclusive e principalmente eu, descobrir como é bom pertencer a um grupo. E finalmente, ao gerar a igualdade de competências, mostrando que uns são bons nisso e precisam melhorar naquilo, deixou a melhor de todas as lições, que se encaixa bem tanto no corporativo como no comércio: ninguém é tão bom que não possa e não precise melhorar com a ajuda do outro. Somando tudo isso, temos uma aula magna de gestão empresarial.

A minha mãe sempre soube que não bastava Deus lhe dar um sinal, manter uma gravidez e dar à luz a uma pessoa de bem. Precisava utilizar os seus talentos para criar a filha, acreditar que ela poderia se tornar uma pessoa que faria o bem a outras pessoas e poderia ser uma boa profissional. Precisava perseverar. Mas não só isso, também precisaria da prova de que seria possível. E essa prova, somente eu posso dar.

A forma como fui criada deu resultado, não só em razão da "terapia" empregada pela minha mãe. Eu também devo muito à transformação que a professora Angela fez ocorrer em minha vida. Ambas, com base na fé e no potencial que eu tinha, perseveraram até provar suas certezas. Convenceram-me de que seria possível me afastar da introversão, do medo e do conformismo. Mãe e professora, soubessem ou não, fizeram "algo a mais".

"Toda pessoa tímida pode ser alçada a grandes voos ou desconhecer que possui asas. As duas possibilidades dependem de quem a educa ou lidera."

Como seriam as empresas que possuíssem gestores, líderes e colaboradores "D" fé e perseverança no dia a dia corporativo?

Um ser humano "D" fé como você, pode imaginar a resposta...

O ser humano D ambição 4D

"Chegamos aonde a mente chega primeiro."

A história da sociedade é marcada por confusões entre comportamentos nobres e degradantes. Eis alguns exemplos: a nobre ambição confundida com a degradante ganância. A nobre disciplina confundida com o degradante fanatismo. A nobre autoestima confundida com a degradante arrogância. Nesse "D", vamos nos concentrar na nobre prática de ambicionar.

A "ambição" é o combustível mais motivacional que existe, bem diferente da ganância; essa, sim, forma um comportamento nocivo que leva o ser humano a adotar decisões capazes de ferir a si ou os outros. É movido pela ambição que o ser humano estuda mais para alcançar posições melhores no trabalho, investe em si para tornar-se melhor pai, mãe, irmão, amigo. É por meio da ambição pelo conforto da família que o empresário ou o colaborador guerreiro produz sacrifícios e faz "algo a mais", pois mentaliza o que quer e põe a ambição para trabalhar em favor de seus sonhos.

O meu pai sempre contava que, enquanto trabalhava como boiadeiro da Sadia, carregando bois nas fazendas dos outros, sonhava em ter a sua fazenda de gado. E essa fazenda haveria de ter três tipos de árvore: ipê, apepu e gabiroba. O ipê para embelezar o pasto com suas floradas. A *apepu*[2] e a gabiroba como opção para ajudar a alimentar o gado, sendo que a gabiroba, eventualmente, também poderia ser dada aos porcos.

Sempre que comentava com a minha mãe sobre a fazenda tão sonhada, seus olhos claros brilhavam como se conseguissem projetar no ar a imagem daquelas árvores, do gado pastando. A riqueza dos detalhes encantava a minha mãe, que desde menina aprendera com o seu pai a importante lição de que "quem gasta sem regra, morre sem honra". E, entendendo o recado deixado pelo meu avô, desde a precoce viuvez, ela preservava o costume de reservar algumas economias em segredo. Nem mesmo o meu pai tinha conhecimento de quanto haveria poupado. Até que um dia, ela fez uma proposta:

— Eu tenho umas economias, Amandio. Que tal se a gente somasse essas economias ao que você tem e comprasse algum pedaço de terra em nossa região?

Com a juntada das economias, adquiriram uma pequena propriedade rural, que ainda precisava ser

2 - *Apepu* – árvore cítrica e híbrida cujo fruto é conhecido como laranja azeda.

desmatada. E lá foi o meu pai desbravar o matagal da área comprada. Dentre as árvores centenárias que compunham aquela área, o boiadeiro da Sadia encontrou os sonhados pés de ipê, *apepu* e gabiroba: todos foram sabiamente preservados.

O até então ambicioso sonho do meu pai acabou influenciando a minha mãe e ambos passaram a juntos sonhar. Da solitária ambição ao sonho compartilhado e da união de esforços ao sonho concretizado. E lá estava o meu pai, homem do campo, na lida que tanto gostava, e minha mãe, mulher urbana, que aprendeu a viver e trabalhar no campo, ao lado do amor de sua vida. Embora a união do casal tivesse como fundamento o amor, nos negócios tinham como fundamento a razão. Perceberam que cresceriam de forma mais estruturada e organizada se cada qual administrasse o próprio patrimônio. Aos poucos foram adquirindo, individualmente, as áreas vizinhas e as cabeças de gado, como se competissem para ver quem conseguiria mais alqueires e mais animais marcados. Ao contrário da criançada, que não tinha **meu** filho ou **seu** filho, para propriedades e animais era **meu** ou era **seu**, não existia o **nosso**. No entanto, nós, filhos, somente enxergávamos o todo, o que carinhosamente chamávamos de fazenda.

Diferentemente do que meus pais fizeram, muitas pessoas abandonam seus sonhos e suas ambições, deixam de a-**cor**-dar para a vida e assim vão perdendo o sentido para viver. Ou, conformados com o **"não"** da vida, reduzem os sonhos a somente aquilo que os próprios braços conseguem alcançar.

"Afinal, a gente pode ser pobre na vida real, mas não em sonhos."

Sem sonho e ambição, quando adolescente eu não teria batalhado, sozinha e sem qualquer indicação, pelo primeiro emprego.

A rádio é pura emoção a quem fala e a quem ouve. Quando criança, dentre os veículos que meus pais tiveram, lembro de uma Brasília. Eu adorava voltar da fazenda ao som de Cesar & Paulinho, com a bela canção "O feijão e a flor", ou de Chico Rey & Paraná, com o seu clássico Canarinho Prisioneiro. As histórias dessas e de outras tantas músicas com letras bonitas me encantavam.

Após deixar os pés sujos da liberdade impressos na parede do colégio e contar com tantas lições da minha mãe e da professora Angela, desenvolvi a saudável ambição de trabalhar e fazer algo valoroso, o verdadeiro despertar para um mundo novo. Na minha família, nunca faltaram exemplos para levar a um desejo ardente pelo labor.

Antes que a nova aurora trouxesse o esplendor da claridade, qualquer pessoa encontraria meu pai na lida com gado, capinando ou arrumando cercas. E minha mãe, do mesmo jeito, quando não acompanhava meu pai na fazenda, se encarregava dos afazeres da casa, cuidava dos filhos, lidava com os assuntos escolares, fazias as compras e ia aos bancos, muitas vezes a pé ou de ônibus circular. Lembro-me bem dela chegando pela rua com as sacolas de mercado e, ainda hoje, parece que enxergo os contornos na sacola da lata de sorvete que muitas vezes ela, amorosamente, nos brindava. Até hoje, depois dos 70, ela não tem empregada em casa e diz que "prefere que as coisas fiquem do seu jeito". Todos nós respeitamos, pois conhecemos bem o "seu jeito".

— Mãe, decidi ser locutora de rádio. Amanhã à tarde vou até a Rádio Educadora pedir emprego.

— Ah, é? Que bom!

Ela até sabia que não seria fácil como eu estava a imaginar. Todavia, minha mãe não podava ou criticava os sonhos dos filhos antes das tentativas de realização. Anos mais tarde, ela se lembrou de algo interessante. Durante a formatura da pré-escola de meu filho Henry, ela me olhou como se tivesse acabado de resgatar uma informação perdida. E dividiu a lembrança:

— Quando você se formou na pré-escola, disse que arrumaria um emprego. Eu perguntei como seria isso e você, aos 6 anos, respondeu o seguinte: "agora que estou formada, já posso trabalhar".

De volta à narrativa do instante em que fui procurar emprego, eu já estava familiarizada com os nomes dos profissionais que ouvia e memorizava por ocasião dos créditos. A voz na rádio dizia:

Este programa é um oferecimento do patrocinador... com direção de... apoio técnico de...

Cheguei do colégio, tomei um longo banho, almocei, me arrumei e parti para a rádio, montada na bicicleta cor-de-rosa, modelo Ceci, da Caloi. Na recepção, deixei claro o que desejava e com quem pretendia falar.

— Boa tarde! Gostaria de conversar com o diretor.

Por alguma razão que desconheço até hoje, a recepcionista não perguntou nada:

— Aguarde um instante. Verei se ele pode atender.

Só alguns minutos se passaram e fui conduzida até a sala da direção.

— O que te traz aqui?

— Vim porque eu quero ser locutora. A minha família ouve esta rádio e eu gostaria de trabalhar aqui.

Ele me olhou de maneira analítica e me proporcionou uma experiência de contratação que deixaria indeléveis lições.

— E você tem experiência em rádio?

— Tenho feito algumas atividades de rádio no colégio, só que nunca trabalhei. Experiência se conquista com um emprego, né? E por isso estou aqui: quero uma oportunidade para ter experiência.

— É que a gente só contrata profissionais. Quem está começando, precisa ir até uma cidade menor. Nossa rádio já tem certo nível, sabe como é...

— Tudo bem. Se o senhor acha que não tem como, eu respeito. Alguém um dia deve ter dado oportunidade ao senhor. Eu também procuro a minha.

— Bem, isso é verdade. Mas faz muito tempo!

Até hoje, defendo em minhas palestras que **não existe não**. O que existe é **ainda não**. A regra vale para colaboradores que procuram colocação ou ascensão, líderes que pleiteiam as melhores posições e empresários que desejam ver a sua empresa abrilhantar-se. Seres humanos que possuem uma saudável ambição de alcançar seus objetivos e o sucesso.

Por aquele momento, saí vencida e pensei em duas escolhas.

- Voltar para casa com a má notícia da rádio detentora de nossa audiência;
- Ir até a segunda rádio fazer outra tentativa.

Decidi pela segunda escolha. Entrei na Rádio Difusora. Um relógio enorme marcava 14h daquele emblemático dia 14 de julho.

— Por gentileza, eu gostaria de falar com o diretor da rádio.

— O Sr. Rui Pires?

— Isso – respondi, sem saber ao certo, porque não ouvíamos aquela rádio.

Ela voltou depois de um instante.

— Ele vai te atender, mas vai demorar.

Agradeci e sentei-me. Quatro horas e quinze minutos depois, fui atendida. Costumo dizer em minhas palestras que quem precisava era eu. Já tinha lido todas as revistas disponíveis na recepção. Às 18h15, então, o Sr. Rui Pires mandou me chamar. Era um senhor magrinho, com os óculos de lentes grandes e um insistente cigarro na boca. Sua voz era grave e profunda, acho que uma das vozes mais lindas que já escutei. Dava a impressão de que fazia eco nas últimas palavras.

— E você, o que quer, er, er, er?

— Quero ser locutora.

Ele deu uma risada estrondosa, que até hoje está em minha memória. E ainda rindo, respondeu:

— Tem um monte de gente que quer, er, er, er.

— Imagino que muita gente venha aqui. Eu decidi vir porque a minha história é de superação. E hoje, sei que eu quero isso para minha vida e só preciso de uma oportunidade.

— Você tem experiência?

— Em rádio mesmo não tenho. Nunca cheguei perto de um microfone profissional. Tenho certeza de que, se tiver uma chance, vou ser uma grande locutora.

Acho que toquei o coração dele. E recebi dele um grande presente do futuro.

— Vamos lá no estúdio gravar, fazer um teste.

Era final de expediente, então poucas pessoas permaneciam na rádio. Ele caminhava na frente e eu o seguia. Pegou uns três ou quatro textos, mais um jornal e me pediu que lesse.

Sem a pré-leitura, outra vez não consegui me familiarizar com os termos. No estúdio daquela rádio que ganhara prêmios de jornalismo como uma das melhores do Paraná, lá estava eu, meninota, amedrontada, mas com muita vontade de ter um emprego.

Peço o primeiro aparte neste "D" para traçar a analogia com a vida dos leitores. Conhece alguém que tenha sucumbido diante do primeiro "não" recebido? E acaso você se recorda de alguém que descobriu, depois de uma porta tristemente fechada, uma segunda porta a se abrir? As duas questões centrais são: a) lamentar a porta fechada e procurar uma aberta ou sucumbir sem ao menos tentar encontrar uma nova porta; e b) aguardar por mais de 4 horas ou desistir antes de ser atendido.

Comecei a gravar. Um dos locutores profissionais estava em frente ao vidro do estúdio e aproveitou para assistir ao teste. A pressão foi demais para mim. Gaguejei e hesitei, como se tivesse retornado ao passado, antes da professora Angela. Estava de volta ao início da sexta série, com medo, apavorada. Rui Pires abriu a porta do estúdio de gravação e soltou a pérola:

— Sabe que você não foi mal, al, al, al?

Por um instante que representa aquele fugidio alívio de quem sabe que poderia ter feito melhor, me acalmei. E foi aí que, antes de alegar qualquer coisa, continuou:

— Você foi muuuuuuuito mal!

— Eu sei. Fiquei nervosa, foi a primeira vez que estive num estúdio. Só estou pedindo uma oportunidade porque é o que eu quero para minha vida.

Ele me olhou por um longo tempo que me fez criar umas dez ou quinze possíveis respostas que viriam. E me convidou a ir até a sua sala. Uma vez lá, pediu para que eu me sentasse.

— Você tem muito para melhorar. Vou fazer uma coisa que pode dar certo. Só que vou deixar claro: eu não estou te contratando. Você vai me ligar na semana que vem e, se tiver disponibilidade de estúdio, vamos marcar algumas gravações.

Ele reuniu uma porção de jornais velhos e deu a lição de casa:

— Leve esses jornais. Tranque-se no banheiro e todo dia leia uma ou mais notícias, em voz alta. Sempre que tiver um tempo livre, treine e faça isso no banheiro, porque é o único cômodo da casa que dá efeito auditivo semelhante ao do estúdio. Você vai ouvir sua voz de maneira diferente, vai passar a modular e perceber uma série de detalhes. Mas, explique para a sua família, senão vão achar que você ficou louca.

Com o eco do vozeirão ainda em meus ouvidos, deixei a sua sala com as dicas que acabariam mudando a minha vida. Em casa, expliquei tudo e fiz um pedido à minha mãe.

— Enquanto não der certo, isso pode ficar entre nós? E só depois contamos ao pai?

A minha mãe concordou.

Na próxima gravação, as lições foram mais paternais.

— Precisa melhorar o "r". Teu "erre" é meio acaipirado, ruim para a rádio, do tipo po**r**ta, po**r**teira, calo**r**. Coloque uma caneta na boca para treinar, faça uma lista de palavras com "r" no meio e no fim. Observe que o "r" nas rádios deve ser mais claro, mais intenso, com som de "r" mesmo.

O senhor Rui Pires, tecnicamente, me adotou. Um homem competente, ético e gentil. Treinei ao sabor máximo do cansaço. A todo instante, ele deixava claro que me ajudava, mas não estava me contratando. Eu o esperava pelo tempo que fosse necessário, para receber uma lição. E muitas vezes, por horas. Nunca reclamei. Quem precisava? Eu. Quem tinha um propósito definido? Eu.

Peço outro aparte para deixar uma mensagem aos mais jovens, compreensivelmente um pouco mais ansiosos, já que as soluções do século XXI são rápidas, sem margem ou necessidade de espera: ao buscar uma oportunidade profissional, ao alimentar a sua ambição, entenda que aquele desejo é seu, o propósito é seu e quem estabeleceu a necessidade daquela oportunidade foi você. Não se irrite. Não reclame. Não critique o processo seletivo da empresa. Não se sinta desrespeitado(a). Pense de maneira positiva quando as adversidades aparecem: o emprego pelo qual estou batalhando vale o tempo de espera; Deus há de ter proporcionado o melhor momento para eu ser atendido; e assim por diante.

A oportunidade dada por Rui Pires teve início em 14/07/1994. No dia 01/06/1995 assinei um contrato trimestral de experiência. Somente depois fui oficialmente contratada pela Rádio Difusora.

Uma das minhas primeiras funções era ler as notas de falecimento. A tristeza de uns, era a minha chance de entrar no ar. O desafio consistia em narrar fatos tristes, mesmo feliz por estar no ar.

— A família... com pesar, comunica o falecimento de... ocorrido em... O corpo será velado na igreja... E o enterro ocorrerá no cemitério...

De qualquer modo, estava feliz pela oportunidade. Enquanto não tinha nota de falecimento a narrar, ajudava todos e procurava aprender. Aos poucos fui cobrindo faltas ou folgas de locutores. A remuneração era o equivalente ao que recebem jovens estagiários.

Rui Pires continuava a doar parte de seu tempo para me ensinar. Algo a melhorar aqui, a mudar acolá. E não era do tipo que passava a mão na cabeça. Quando encontrava algum erro, principalmente em relação a algo que já tinha ensinado, era sincero:

— Vamos entrar de novo nisso, Helda? Você está regredindo, indo, indo, indo!

Certa manhã, o locutor de um dos programas da grade se ausentou por motivos médicos, e Rui Pires me chamou:

— Helda, passe em minha sala, por favor!

Se há algo que faz muito colaborador de empresa ficar sem dormir, aí está. Sempre esperei coisas boas nessas ocasiões e peço outro aparte para registrar mais uma importante lição: nas empresas, se o líder convida a uma reunião e deixa de antecipar o assunto, a maior parte dos colaboradores constrói um fantasmagórico cenário e imagina o pior dos desfechos.

"Sofrer por antecipação é algo que não encontra amparo lógico. Quem faz o melhor que pode e tem certeza de que se mantém em constante atualização, não tem motivos para esperar situações negativas."

— O Nilo Deitos está doente e não poderá fazer o quadro "Difusora bate à porta" hoje. Estou precisando de alguém para substituí-lo.

— Sim.

O quadro tinha duas inserções, ou seja, duas visitas diárias na casa dos ouvintes. As notas de falecimento permitiam "familiaridade" com o texto. Mas, nesse caso seria ao vivo. E a única palavra que pensei em responder ao Rui Pires foi um sonoro sim.

Ao dizer sim, a vida parece encontrar meios. A mente se abre para as possibilidades de honrar a resposta afirmativa. Mas, em razão de ainda não ter atingido a maioridade, levantei um pequeno e único empecilho:

— Eu só não tenho carteira de motorista. Se o senhor tiver alguém para me levar até a casa do ouvinte, faço o quadro sem nenhum problema.

Rui Pires resolveu o problema em dois segundos:

— Não se preocupe. É mais fácil arranjar motoristas do que radialistas!

O motorista que me levou ao bairro era conhecido

como Batata e fazia as transcrições da rádio naqueles tempos em que não tínhamos Internet. Defronte a uma casa humilde e muito bem cuidada, paramos. Eu não fiz tipo, não segui protocolos e não copiei o colega titular do programa. Procurei me recordar dos livros devorados ao longo de toda a infância e de todas as sensações que tive enquanto era conduzida pelo texto até um mundo de fantasias. Abri o coração e comecei:

— Estamos chegando a uma casa muito bonita, de paredes coloridas. Há flores na frente da casa. Aqui, nós temos uma tábua vermelha, uma amarela, outra azul. As tábuas são escovadas, o que mostra o capricho de quem mora nesse lar.

A ouvinte saiu à porta.

— Olá, sou Helda Elaine e você está recebendo a visita da Rádio Difusora, com o quadro "Difusora bate à porta". Tudo bem?

— Sim, obrigada!

— A senhora é casada, solteira, enrolada ou tico-tico no fubá?

— Casada.

— E a senhora está ouvindo a Rádio Difusora agora?

— Estou sim. Entre e vou te mostrar onde está o aparelho de som.

— Estamos entrando aqui pela sala. E que casa

mais arrumadinha, ouvintes. Realmente, ela está na sintonia da Difusora e acaba de ganhar os prêmios do "Difusora bate à porta".

E assim seguia o quadro que exigia muita inspiração, improvisação e comunicação.

Acabei substituindo o Nilo por uma semana e, quando ele voltou, fui outra vez convidada a conversar na sala de Rui Pires.

— Helda, o Nilo está bastante sobrecarregado e, inclusive, ainda está se recuperando de uma doença. Você fez muito bem o quadro e também sabe que a rádio é dinâmica. Quando o ouvinte gosta de alguém, se manifesta na hora. Recebemos *feedbacks* muito positivos e gostaríamos que você passasse a ser a titular do quadro.

A Difusora se constitui de duas rádios, na verdade, uma AM e a outra FM. Como se sabe, a rádio AM é mais cultural e prevê um arcabouço informativo bem maior, enquanto a FM é mais jovial, de linguagem informal e favorecida por muita música. Em geral, cada locutor tem perfil para trabalhar em uma das faixas. Eu contrariava a regra e transitava bem tanto em uma, como na outra.

Continuei com as notas de falecimento, assumi a titularidade do quadro "Difusora bate à porta" e estreei na FM com um espaço na madrugada, da meia-noite às 2h.

O quadro "Difusora bate à porta" tinha duas inserções diárias, uma pela manhã, no programa do locutor João Marcos Gomes, e outra à tarde, no programa conduzido pelo locutor Adriel Marcelo. Naquela época era comum os ouvintes enviarem cartas aos locutores. Como o alcance da Difusora era extenso, as cartas vinham de diversos municípios e regiões, inclusive do Paraguai. Certo dia, João Marcos anunciou em seu programa:

— Quero destacar aqui um elogio à Helda Elaine. Ela é a pessoa que menos tem horário na programação em nossa rádio e, mesmo assim, é a locutora que mais recebe cartas dos ouvintes. Parabéns, Helda!

Quanto vale isso?

Aqui deixo outra lição importante. Em rádio, ninguém vai gostar de fazer notas de falecimento e poucos pedem para assumir um programa que é transmitido ao vivo, principalmente durante a madrugada. No meu caso, quem tinha a ambição de se firmar como locutora era eu e, por isso, o interesse deveria ser meu, antes mesmo de pensar em retorno financeiro ou disputa por outros programas e melhores horários. Eu buscava aproveitar as oportunidades que surgiram para lutar pelo meu ambicioso objetivo de ser locutora. E essa positiva ambição não poderia acabar aí. Não bastava ser somente locutora. Sendo cristã, preocupava-me como prestaria contas com Deus se tivesse usado o talento que Ele me permitiu desenvolver só para "tocar" músicas.

Eu precisava ser mais do que uma simples locutora. Eu não me permitia ser uma pessoa 4D. Precisava fazer "algo a mais" com aquele talento. E assim, procurei inserir o meu estilo nos quadros e programas em que atuei como locutora na AM e FM. Fazia questão de entrevistar profissionais de diversas áreas que pudessem transmitir informações importantes e de interesse dos ouvintes. Sabia que nem todos que ligavam a rádio queriam somente ouvir músicas. Acredito que isso tudo justificava a quantidade de cartas que eu recebia. De certa forma, eu já buscava ser 10D.

Nas empresas em geral, muitos reclamam que não têm chances para ascender ou atingir os seus objetivos, mas não percebem que há muito serviço que poucos querem fazer. E, se há um critério que destaca um profissional é este: fazer com esmero aquilo que poucos ou que ninguém queira fazer. Receita pronta para obter promoção não existe. Mas, aí está um bom caminho.

O ser humano "D" ambição tem a compreensão de que existe algo divinamente reservado àquele que se dispõe a se esforçar ao máximo, desvencilhar-se dos pretextos, estudar, respeitar o tempo das pessoas e a fluência natural da vida.

Helda Elaine

5D O ser humano D resiliência

"Os críticos têm muito a ensinar. Ocorre que os criticados, indignados com a crítica, nem sempre enxergam o aprendizado por trás dela."

Ingressei na faculdade de Administração e quase toda a rádio celebrou. Digo "quase" porque ninguém, em empresa alguma, encontrará 100% de aprovação dos colegas. Não digo que todos os outros desaprovem, mas existe uma zona mista, que pode muito bem ir de "não gosto", "até que vai" ou "nem sabia que existia" até "gente boa" ou "adoro essa pessoa". É mais fácil entender isso do que sofrer diante da reação do outro.

Eu recepcionava qualquer crítica com muita categoria, fixando tudo no lado positivo, com respostas diplomáticas.

Um dia, escutei de um colega:

— Entrou na faculdade de Administração para administrar o "Difusora bate à porta", Helda?

A pergunta, para muitos, seria recebida como um soco no estômago, um balde de água fria na alegria do momento. E a resposta poderia ir pelo mesmo caminho e até com maior intensidade. A minha forma de ver o mundo era diferente. Respondi:

— Agora sim, mas tenho muita coisa para administrar no futuro. Nada como o tempo para responder melhor a sua pergunta.

Um dos segredos do harmônico convívio profissional é entender a realidade do outro, com empatia e respeito, em vez do punho fechado para o contra-ataque. Eu adentrara num ambiente, até ali, praticamente restrito aos homens. Além disso, ingressara no ensino superior, algo raro para a maior parte dos radialistas daquela emissora, na época (e isso não alterava em nada o talento autodidata deles). Considerando tudo isso, como eu não compreenderia a atitude do amigo? Diferentemente da esperada reação de revidar, procurei compreender ao máximo essas pessoas.

E verdade seja dita, não se trata de inocência pura, de imaginar que todos aprovam e que tudo é dito para fazer o bem. A diferença é: a pessoa que busca ser mais do que 4D, recebe a crítica ou a maldade e não se abala, pois, nesses momentos, além de ser D empatia, também precisa buscar desenvolver a resiliência.

Com o impacto da adversidade, nosso comportamento tende a ser alterado imediatamente, gerando consequências que podem se arrastar por muito tempo, alimentando mágoas, ou até mesmo levando a rápidas reações intensas e agressivas. A habilidade de traduzir quaisquer percepções alheias do presente em positivismo do futuro deve ser uma constante em nossas vidas.

Nessas situações, a pessoa D resiliência consegue rapidamente se recompor, minimizando os efeitos adversos da atitude alheia, convertendo-os em combustível para uma resposta positiva ou mesmo o silêncio, numa demonstração de sábia postura.

A mesma pessoa que criticou o meu ingresso no ensino superior, certo dia me chamou para tomar um café e deu um *feedback* valioso sobre a minha locução:

— Helda, estava ouvindo o seu programa hoje. Você repetiu cinco vezes a expressão "com certeza". Fica ligada que isso vira vício!

No meu lugar, alguns profissionais interpretariam o fato como mais uma crítica ou mais uma adversidade. Eu vislumbrei um conselho de alguém que desejava o melhor para mim.

Muitos colaboradores se colocam como vítima. Basta uma crítica e sucumbem, diminuem a qualidade da sua performance, atrasam o processo de crescimento e colocam nas costas uma pesada carga de mágoa. Sem conseguir superar as adversidades, deixam de acreditar nos próprios potenciais e de buscar compreender o comportamento dos demais. Permitem que sejam afetados os seus relacionamentos e sacrificadas as suas ambições. Por tudo isso, pode-se afirmar que a resiliência acaba se tornando um importante instrumento no desenvolvimento dos demais "D's".

Acredito que o fato de não ter retrucado maldosamente às críticas dos demais colaboradores, tampouco de ter me magoado, também foi determinante para, anos depois, um colega daquela época contratar os meus serviços, logo que passei a me dedicar integralmente à carreira de palestrante e instrutora. Ele me disse o seguinte, por ocasião do contrato firmado:

— Vou te contratar porque te conheço e sei que você tem o que eu procuro. Estou cansado de palestrante que tem conteúdo e não sabe passar adiante, cansado dos palestrantes que têm a habilidade da comunicação, e não têm conteúdo. Você reúne as duas qualidades, Helda.

É por isso que eu afirmo:

> *"Veja o lado bom e empático de quem te critica. Jamais faça um ataque àquele que oferece uma opinião contrária ao que você esperava. Além de gerar desnecessária mágoa, qualquer porta de oportunidade futura com a pessoa estará fechada para sempre."*

Enquanto trabalhava na rádio e cursava Administração no período noturno, fazia a locução dos programas e quadros que estavam sob minha responsabilidade e cobria os horários que eventualmente me atribuíam. Muitas vezes, eu encerrava o programa, colocava no ar a Voz do Brasil e, de bicicleta, ia direto para a faculdade. Saía da faculdade e voltava para trabalhar até 2 horas da madrugada. Noutras, abria a programação da rádio antes do raiar do dia. Nunca foi fácil, pois os horários na rádio, muitas vezes, apertavam a minha agenda na faculdade. Nem sempre havia tempo suficiente para se alimentar. Era uma correria só. E, mesmo assim, nem por um instante pensei em desistir da rádio ou da minha formação acadêmica, justamente porque a resiliência era uma qualidade aliada.

E por que será que tantos colaboradores, estudantes e empresários desistem dos sonhos e de suas ambições, quando se deparam com obstáculos ou adversidades?

Recentemente, perguntei a um jovem, muito amigo da família, que acabara de ingressar na faculdade, o que estava achando do curso.

— Eu arranjei um trabalho e precisei trancar. Ficou muito puxado; trabalhar e estudar ao mesmo tempo não deixa tempo pra mais nada!

Argumentei que, na idade dele, eu estudava à noite e abria a programação da rádio bem cedinho. Aleguei que todos precisam fazer certos sacrifícios e usar a resiliência para acordar a cada dia com o desejo renovado. E nada resultou. Os meus argumentos foram em vão. A pessoa não faz ideia, assim como tantas outras que compartilham do pensamento dela: a faculdade está lá, operando. Os professores estão lá, formados. Nem a faculdade e nem os professores precisam daquele aluno em especial. Do outro lado da estrada ainda não vencida, o aluno precisa dos professores e da faculdade para crescer. E se você acha que estamos falando de uma situação isolada, saiba que muitos filhos em idade acadêmica querem trabalhar e estudar, porém encontram nos próprios pais a resistência, com argumentos que não se sustentam:

— Tadinho dele; se trabalhar e estudar, não vai ter tempo para os *hobbies* que tanto gosta!

— Tadinha dela; se arranjar um trabalho agora, ficaria muito cansativo conciliar a faculdade com as responsabilidades do trabalho.

O mundo está cheio de pessoas com sonhos frustrados hoje porque ontem foram consideradas “coitadinhas’. Não seria surpresa alguma verificar esses pais, amanhã, com outras falas que demandam uma reflexão imediata e imprescindível:

— Aonde foi que eu errei?

— Por que será que o meu filho não consegue conquistar nada?

Ligada em 220 Volts, desde cedo fui movida a produzir, render e inovar. Eu me formei e àquela altura, conquistara um bom salário e já tinha horário mais fixo na rádio, das 7h às 13h. Com a tarde livre, me coçava para encontrar um segundo trabalho. E como se costuma dizer; cuidado com aquilo que tu desejas, porque haverá de realizar. Na rádio, insisti para cumprir outras tarefas, a fim de aumentar o expediente e as experiências. Alegavam que nada mais havia a ser feito.

Numa manhã chuvosa, entrevistei uma grande personalidade da região que perguntou sobre o meu horário na rádio. Detalhei o expediente e escutei a proposta:

— Nossa editora está lançando uma revista e precisa de uma pessoa como você. Quer vir trabalhar conosco, à tarde, a partir das 14h?

Aceitei e muito correta com os meus compromissos, fui até a diretoria da rádio da época. O senhor Rui Pires, àquela altura, tinha deixado a rádio. Comuniquei a minha oportunidade à empresa e fiquei surpresa com a resposta que recebi.

— Aqui se exige exclusividade. Ou trabalha para nós ou para os outros. E depois, se você assumir outro trabalho, não vai dar conta e se dedicar tanto quanto faz hoje.

— Isso o senhor só vai saber se me permitir. Eu ainda não me casei, moro com os pais, não tenho filhos e já me formei. Estou com disposição e vontade de trabalhar mais. Dou conta do recado!

— Negativo. Você vai ter de escolher. Trabalha aqui ou lá!

Agradeci, fiquei de pensar. Detalhei a situação aos meus mentores e melhores amigos da época, os meus pais.

— Se ele sugeriu que você escolhesse é porque sabe que você tem uma família que te apoia. Você ainda não tem passarinho te esperando no ninho e ainda não se casou. Então, filha, o tempo certo de arriscar é agora. O que você decidir tem o meu apoio! – foram as palavras de meu pai.

— A decisão é só sua, filha. E seja qual for, terá o meu apoio – foi a opinião de minha mãe.

Peço um aparte neste "D" para outra lição. Naquela época, que não é tão distante, pois estamos falando do início dos anos 2000, os filhos ainda tinham conversas abertas com os pais sobre carreira, emprego, finanças, felicidade, escolhas, futuro.

Por que o século XXI estabeleceu uma distância tão grande, um abismo aparentemente tão intransponível?

Por que se criou uma resistência de tamanha proporção a escutar aquelas que são as pessoas mais caras de nossa existência?

Por que as crianças, os adolescentes e os adultos de hoje têm facilidade para desabafar ou pedir conselhos ao psicólogo, aos amigos, reais ou virtuais, igualmente inexperientes, em vez de fazê-lo com os pais?

Por que os colaboradores não conseguem se abrir com seus líderes?

No dia seguinte, eu estava sentada novamente com a direção.

— Você não pode fazer isso. Não quer pensar melhor? – perguntaram, quando entrei em sua sala, para solicitar a demissão.

— Eu pensei com muito carinho, conversei com os meus pais, que são grandes amigos e a decisão está tomada. Sou muito grata por estes 7 anos de aprendizado e por onde eu andar, falarei bem da empresa.

— Tá, eu posso até aceitar. Só que deve me prometer uma coisa: você nunca vai trabalhar na rádio concorrente!

— Bem, eu estou indo para uma editora e não para outra rádio.

— Ah, Helda, Helda. Tenho certeza que, cedo ou tarde, eles irão te convidar para trabalhar lá.

Olhei bem para a direção. Eu, que tinha recebido tantos presentes do futuro, também aprendi a colaborar com a evolução das pessoas que se relacionavam comigo. Eu me preparava para dizer o que passava pelo coração, de forma respeitosa, pois sabia que seria bom para o futuro de meu interlocutor compreender o real motivo pelo qual eu estava saindo: o obstáculo que ele colocou no meu caminho.

— Ué, se o senhor tem tanta certeza de que o concorrente vai me contratar, por que não aceita os meus dois trabalhos que não lhe trazem prejuízo algum?

Ele ficou sem saber o que responder e, alguns segundos depois, reforçou o pedido:

— Mas me promete que não vai trabalhar lá?

— Eu sinto muito. Nunca prometo o que não posso cumprir. Se eles me chamarem, sou uma locutora profissional e estarei pronta para avaliar a proposta.

Conversamos sobre mais algumas amenidades e deixei a sua sala.

Ele estava certo em sua percepção. Poucos dias se passaram e o telefone tocou. Era da rádio concorrente. Imediatamente, eu me lembrei do que lá escutara, quando fui pedir uma chance:

É que a gente só contrata profissionais. Quem está começando, precisa ir até uma cidade menor. Nossa rádio já tem certo nível, sabe como é...

Nunca fui rancorosa. Foi só uma lembrança automática e que me mostrou como a vida dá voltas. E foi bom ter recebido o "não" naquela época, o que acabou se transformando em "ainda não". Se tivesse recebido o sim, não aprenderia tantas lições com Rui Pires e os demais colegas. Aceitei o trabalho, grata e feliz pela chance. Assumi a dupla jornada, na revista e na nova rádio.

Esse episódio me leva a legitimar o derradeiro aparte do “D”.

Por que tantas pessoas insistem em permanecer no mesmo trabalho e função, ainda que não estejam mais satisfeitas?

A coragem de desafiar o desconhecido é fundamental para a felicidade e cabe ressaltar que as pessoas infelizes costumam produzir abaixo das suas capacidades.

— No seu caso foi fácil arriscar e trocar de emprego. Os seus pais poderiam te sustentar, você não tinha filhos, nem despesas expressivas com as quais se preocupar – dirão os críticos, que merecem uma resposta D resiliência, para o justo questionamento.

O obstáculo foi apresentado a mim e uma das opções para transpô-lo seria abandonar o ambicioso sonho de ser locutora. Não se tratava de poder arriscar por ter segurança financeira, mas sim de abandonar anos de luta para ser uma boa locutora, deixar de me comunicar com os ouvintes e dar adeus à família formada pelos colegas de trabalho. Ainda precisaria me acostumar na nova empresa, com novos colegas e novas funções. Muitas mudanças e em pouco espaço de tempo exigiram extrema resiliência. O que mais ajudou foi perceber que não existe situação eterna ou imutável.

Em quaisquer circunstâncias, quem quer encontra meios e quem não quer, encontra desculpas. Hoje, tenho um marido que me faz a mulher mais feliz do mundo e sou mãe de dois filhos maravilhosos. Se tivesse de fazer tudo outra vez, faria. Eu viajo constantemente em função das palestras e mesmo assim, procuro reservar tempo para mim, para a família, amigos e sonhos.

Então, acredite: o êxito profissional e a felicidade nos relacionamentos não dependem da inexistência de situações de conflitos, das críticas ou de empecilhos a lidar, dos problemas a resolver ou da família a cuidar. Tudo isso ocorre, de forma mais intensa ou não, mas é administrável, contanto que se adote resiliência, empatia, boa atitude, visão positiva e coragem de mudar; elementos-chave que simbolizam o presente do futuro, "algo a mais" contra a rotina que não felicita, sequestradora de todo sonho, projeto, objetivo ou missão de vida.

O ser humano D amor 6D

"Empreender é um ato de amor, antes de ser um ato de negócio. Sem ninguém para amar, qualquer empreendimento é mais arriscado."

Um dia, enquanto brincava de "perguntas e respostas" com o meu filho mais novo, Enzo, perguntei a ele:

— O que você é?

Para minha surpresa, imaginando que a resposta seria "menino", prontamente respondeu algo bem mais inusitado:

—Amor.

A resposta do Enzo, que parece curta, encontra sua grandiosidade na pureza de uma criança que, aos 4 anos de idade, não só diz como também demonstra amor em suas palavras e ações. Não é raro receber dele abraços e beijos ou vê-lo colhendo flores para nos presentear.

Dentre os *feedbacks* que mais recebo após as palestras, tanto do público como dos empresários contratantes, é normal dizerem: você entregou "algo a mais" do que estávamos esperando, se referindo às mensagens que costumo incluir no conteúdo do meu trabalho. Isso me deixa feliz porque só vem a confirmar, cada vez mais, que o meu trabalho é uma missão, que eu amo o que faço e faço o que amo.

Somos todos capazes de fazer "algo a mais" em quaisquer situações. O meu trabalho é gerar essa conscientização, fazer a pessoa entender que pode e deve fazer "algo a mais", ir além do esperado, em vez de defender afirmações que não levam ninguém a crescer, como "sou pago para fazer isso" ou "só faço a minha parte".

É fácil constatar, cada vez mais, empresários que apontam falta de colaboradores com vontade de fazer "algo a mais", de ir além do contrato combinado, mesmo quando lhes são disponibilizados recursos e capacitações, criadas oportunidades ou até permitidas ousadias.

Nas empresas que trabalhei, conheci profissionais talentosos, com chances reais de crescerem, mas que se restringiam a dar o passo combinado e nenhuma pisada a mais. Trabalhar, negociar, criar, investir e empreender são aspectos que se constituem em ações que não exigem somente talento e competência. Possuir aquele subjetivo elemento que é o amor àquilo que se faz, aliado ao amor que se sente pelas pessoas mais valorosas de nossa existência, complementa e potencializa essas ações.

Vou narrar a minha experiência enquanto responsável pelo departamento de Marketing e Comunicação do Grupo Zadville, que reunia empresas do ramo de alimentos, tendo os biscoitos como principais produtos. O fundador do grupo, Dali Umberto Zadinello, era um daqueles empreendedores que, além do talento e da competência para empreender, amava o que fazia.

Líder nato, conseguiu reunir e formar em torno de si líderes voltados a incutir nos colaboradores a noção de empresa-família. Logo que entrei naquela empresa, percebi o grande potencial de sucesso do grupo, que chegou a patrocinar times de futebol e promover até um grande evento anual de canção, exclusivamente para os colaboradores se apresentarem, cantando músicas populares, sertanejas, gospel e até paródias. Via colaboradores que realmente "vestiam a camisa" da empresa e tinham orgulho de lá trabalhar, porque se sentiam membros daquela família. Reuniões, mesmo que festivas, sempre eram iniciadas com orações, e muitos treinamentos que ocorriam na empresa contavam com a presença do Sr. Dali.

Antes de iniciar no Grupo Zadville, eu não trabalhava mais em rádio. Já havia concluído uma pós-graduação em Marketing e Comunicação Empresarial e pretendia vivenciar o acelerado ritmo de uma grande empresa.

O Sr. Dali conseguia ver os potenciais de seus colaboradores, muitas vezes antes mesmo deles perceberem que os tinham. E, para ele, como líder efetivo, não bastava somente ver o potencial do colaborador. Disponibilizava meios, capacitava e dava oportunidades àqueles que ele acreditava que fariam o "algo a mais" em suas carreiras e em suas vidas. Ele foi um dos maiores incentivadores quando comecei a lecionar no curso de Administração da Fasul[3], em Toledo. Muitos colaboradores que iniciaram a carreira ou simplesmente passaram por aquele grupo se tornaram líderes ou empresários reconhecidos Brasil afora.

Também na minha história profissional e pessoal senti a ação empreendedora do Sr. Dali, sobretudo quando ele me pediu que preparasse um curso de oratória para as lideranças das indústrias do grupo e logo passou a me incumbir de realizar cursos e palestras para gerentes, supervisores, representantes comerciais e telemarketing.

Não me esqueço do dia em que o Sr. Dali me chamou até a sua sala e segurando um livro, disse:
— Helda Elaine, enquanto estive viajando bati o olho neste livro e logo vi que era para trazê-lo a você. Eu sei que um dia você será uma grande palestran-

3 - Fasul – Faculdade Sul Brasil.

te. Quero que passe a treinar nossos colaboradores e parceiros, principalmente o pessoal de vendas.

Era um grande desafio. Ministrar cursos e palestras para vendedores e representantes comerciais de todos os cantos do Brasil, a maioria formada por pessoas experientes, com mais a ensinar do que aprender.

Como sempre, em minha vida, vi naquele desafio a oportunidade de crescimento profissional e pessoal. Seria o momento ideal para aliar toda a minha experiência profissional de comunicadora e professora universitária com tudo aquilo que eu já havia estudado, tanto em Administração como em Marketing e Comunicação Empresarial, além de acrescentar um especial ingrediente: instruir e palestrar no ambiente corporativo.

Realmente, a profecia do Sr. Dali dava a impressão de que o caminho era esse. Em pouco tempo, os demais líderes solicitavam cursos e palestras para os colaboradores dos setores de Recursos Humanos, Transportes ou específicos para mulheres, como também para lançamentos de novos produtos ou programas na empresa. E já começavam a surgir convites para eventos fora do grupo, a citar, em prefeituras, empresas, grupos políticos e até em igrejas.

Devo reconhecer também outra oportunidade que o Sr. Dali proporcionou para a minha carreira. Enquanto trabalhava no Grupo Zadville, continuei lecionando, à noite, no ensino superior. Certa ocasião, uma colega professora me avisou que estavam abertas inscrições para aluno especial em algumas disciplinas do curso de mestrado em Desenvolvimento Regional e Agronegócio, na área de Economia, da Unioeste, campus de Toledo, localizada a cerca de 40 quilômetros da minha cidade. Uma oportunidade magnífica, pois além de aproximar a entrada para um curso de mestrado muito bem avaliado, era gratuito. O problema é que os horários das aulas conflitavam com o horário da minha jornada de trabalho na empresa. Mesmo assim, estudei e fui aprovada para uma das disciplinas.

Como expus, o Sr. Dali, com talento, capacidade de empreender e amor pelo que fazia, disponibilizava meios e dava oportunidades àqueles que ele acreditava que fariam "algo a mais" em suas carreiras e em suas vidas. E foi o que aconteceu. Ele flexibilizou o meu horário, permitindo que eu fizesse aquela disciplina.

Quando consegui a aprovação para cursar o mestrado, a situação tinha tudo para complicar, pois todas as aulas ocorreriam em período diurno, às segundas e terças-feiras, durante vários meses, e eu ainda continuaria lecionando. Fiz uma proposta escrita dirigida ao Sr. Dali, enaltecendo a importância que o mestrado teria em minha vida profissional e as vantagens que possivelmente seriam revertidas ao Grupo Zadville. Entreguei diretamente em suas mãos.

— Dali, eu tenho uma proposta interessante para a empresa e acredito que ela vai ajudar a trazer novos conhecimentos aos colaboradores. Surgiu a oportunidade de me especializar mais profundamente, o que vai me ajudar bastante a aprimorar os treinamentos que você tem pedido.

Embora difícil de ocorrer em muitas empresas, para mim não foi surpresa o senhor Dali aceitar reduzir pela metade a minha jornada e, novamente, flexibilizar o meu horário. E, é claro, ele não poderia deixar de mais uma vez profetizar.

— Eu já falei que você vai ser uma grande palestrante. E vou apostar mais ainda em você, mesmo sabendo que não vou conseguir segurar o seu talento aqui dentro por muito tempo.

E assim trabalhei mais alguns anos no Grupo Zadville, período em que concluí o mestrado e continuei lecionando. Foram tempos de muita correria e aprendizado, tanto em teoria como na prática. Fazer parte daquela amorosa família foi de grande valor tanto pessoal como profissional. Fiz ótimas e duradouras amizades naquele período, principalmente com o senhor Dali e sua família. Jamais esquecerei do amor e o carinho que o senhor Dali tinha com aquele grupo de empresas e seus colaboradores. Ele realmente fazia o que amava e amava o que fazia. E esse amor refletiu positivamente na vida de muitos colaboradores. A exemplo da minha, ele fez "algo a mais".

Relato uma pequena parte de minha história no Grupo Zadville porque quero destacar a importância de nos deixarmos tocar e influenciar pelo amor que as outras pessoas sentem ao trabalhar, negociar, criar, investir e empreender. E para abreviar o nosso caminho rumo ao sucesso nessas cinco ações, precisamos também ser pessoas D amor; amando, recebendo e respeitando o amor.

A ausência do amor vai levar à solidão e fazer sucesso à luz da solidão é quase impossível. Ter em casa pessoas que demonstram amor, que sorriem quando chegamos de uma viagem de trabalho, que vibram com as nossas conquistas e oferecem o seu porto seguro para ancorarmos o barco durante as tempestades, deixa a vida mais leve, feliz e completa.

Enquanto eu trabalhava em rádio, ao contrário de alguns colegas, nunca me lamentei por fazer a apresentação de inaugurações, desfiles, sorteios de associações comerciais e outros eventos fora do horário de trabalho e sem qualquer remuneração. Na minha contemplação, tudo isso se traduzia em mais experiência adquirida.

— O evento será no sábado à noite. A Helda vai. Ela é solteira mesmo! – brincavam os colegas de rádio.

Uma dessas ocasiões selou o meu destino. Era o mês de setembro do ano 2000, próximo das eleições para prefeito e vereadores. Tinha combinado com alguns amigos que iríamos à danceteria naquela noite. Entretanto, o telefone tocou na hora do almoço. Era o pessoal da rádio.

— Helda, hoje à noite vai haver a escolha da Rainha da Festa do Búfalo[4] deste ano. Você pode apresentar o evento?

Telefonei para a eterna amiga e superparceira Nadia e a convidei para me acompanhar.

— Depois que terminar o evento, se ainda estivermos a fim, vamos para a danceteria.

Uma vez na escolha da Rainha da Festa do Búfalo, fiz o trabalho e, no final, encontrei um amigo querido, Zico, que estava acompanhado de um amigo dele; homem alto, bonitão, de olhos verdes e do tipo que chama atenção por onde passa. Zico nos apresentou.

— Este é o meu amigo Edvandro.

Alguns segundos depois de cumprimentá-lo, Edvandro fez a mais estranha das propostas:

— Posso ver as suas mãos?

4 - Festa do Búfalo no Rolete – evento anual promovido pelos moradores do Distrito de São Roque, interior do Município de Marechal Cândido Rondon.

Olhei para a Nadia, que olhou para o Zico, e ninguém entendeu nada. Zico contemporizou:

— Deixe ele ver, Helda. O que tem de mais?

— Mas pra quê? – eu quis saber.

— Você não poderia fazer a simples gentileza de me mostrar as suas mãos?

Hoje, uso esmalte vez ou outra. Naquela época, eu não era (como não sou e não serei) nem de longe a mais vaidosa das mulheres. Não usava unhas compridas e, às vezes, as mordiscava. Fiquei com vergonha e imaginei que o rapaz perceberia isso. Acabei permitindo e mostrei-lhe as mãos. Edvandro ficou parado por um bom tempo, avaliando, até levantar a cabeça e dizer o que achou:

—Você tem as mãos mais lindas que eu já vi. Eu estava observando enquanto apresentava o evento e agora confirmei.

— Muito obrigada! – ele deve dizer isso a muitas mulheres– pensei.

Eu me despedi, disse que precisávamos ir embora, e, uma vez longe dele, brinquei com a Nadia:

— Bonitão, hein, Nadia? Uma pena que tenha gostado só das mãos.

— Ué, tem de começar por algum lugar, Helda.

Não vi o cidadão por um ano inteiro depois dessa noite. O reencontro também se deu de maneira não premeditada.

Cheguei a uma badalada choperia da cidade, a Golden Fass. Como a temperatura do dia estava amena, eu usava saia, blusa e sandália aberta. E por que estou mencionando trajes, se até este ponto da obra não o fiz? Você entenderá. Ao chegar, e sentado perto de uma das entradas, estava um conhecido, a quem fui cumprimentar. Por educação, estendi os cumprimentos aos demais que estavam na mesa. E uma dessas pessoas, que até ali eu não vira porque estava de costas para a entrada, era o Edvandro, que logo desceu o seu olhar investigativo e disse:

— Então quer dizer que além das mãos mais lindas, também tem belos pés?

Faz um ano que não vejo o cara e agora me diz isso? Só pode ser doido– pensei.

Constrangida pelo súbito elogio, me senti de volta aos 12 anos, na sala da professora Angela, momento em que estava protegida pelo casulo da introversão. E me lembrei de minha mãe, que costumava dizer algo sobre isso:

— Helda, veja os seus tantos amigos. Não há nada de errado nisso, mas você parece especialista em transformar possíveis namorados em amigos.

Outra vez, nos despedimos, e, além dos dois elogios, nada mais aconteceu até o ano seguinte, mas o seu nome ficou gravado em minha mente.

Durante a campanha para as eleições de 2002, voltando da apresentação de um comício com o pessoal da rádio, entre uma conversa e outra surgiu a história das mãos. Coincidentemente, ao chegarmos à cidade fomos até aquela famosa choperia. E lá estava novamente o Edvandro. Quando o vi, cumprimentei de longe e logo fui embora, antes que um dos meus colegas, o Beto Baby, resolvesse esquematizar alguma aproximação, já que ele o conhecia. No dia seguinte, eu, Nadia e Marcia (outra grande amiga) levamos os carros para lavar e encontramos no posto o Zico, que também era amigo de longa data do Beto. Logo, a história das mãos novamente virou assunto.

— Você não quer que eu faça um jantarzinho, pra convidar você e o Edvandro? Eu e o Beto Baby achamos que vocês dois combinam muito. Eu que apresentei vocês. Posso dar sorte.

— Zico, eu detesto essas coisas armadas. Tô fora!

Sem que eu percebesse, Zico telefonou para o Edvandro e, repentinamente, passou o celular para as minhas mãos e simplificou a coisa toda:

— Fale com ele!

Voltei outra vez até a sexta série. Sem saber exatamente o que dizer, pois "não tinha decorado o livro de Geografia", improvisei:

— Alô. Oi. É a Helda Elaine. Tudo bem?

— Helda Elaine? A dona das mãos mais lindas que eu já vi?

Respirei fundo, até um pouco aliviada, e respondi o que veio, sem pensar muito:

— A gente está no Pátio Camilo. Quer dar uma passada por aqui?

— Que pena, agora eu não posso.

— Ah, então tá. Mais tarde vamos até a *Golden*, apareça lá para descontrair um pouco.

Os restaurantes naquela época eram divididos por áreas para fumantes e não fumantes. Ele estava na área de fumantes quando chegamos e logo veio para a nossa mesa, na outra área, acompanhado de um amigo, o Hélio.

A partir desse momento a noite foi bem descontraída, com muitas boas histórias e risadas.

Passado um tempo, Edvandro pediu licença e disse que sairia para fumar.

Olhei para Nadia, a inseparável amiga, e dei a sentença:

— Nadia, é bonito, inteligente, interessante. **Mas** fuma.

Nunca usara a palavra "mas" com tanto poder.

— Helda, ele pode parar.

— Nadia, isso não existe. Fumante dificilmente larga o vício.

Peço um aparte e uma pausa na narrativa. Os empresários do mundo corporativo e gestores das cooperativas têm o hábito de me contratar para as palestras que envolvem relacionamento, e, nessas ocasiões, gosto de oferecer uma divertida reflexão popular:

> "A mulher se casa achando que o marido vai mudar. O homem se casa achando que a esposa nunca vai mudar."

De volta ao "encontro", Edvandro terminou o cigarro, retornou à mesa e fez uma proposta.

— Vocês não fumam. Se incomodariam de trocar de mesa para a área de fumantes? Sentamos perto da janela e eu não preciso sair para fumar.

Eu jamais disfarçaria para agradar. Respondi só a verdade.

— Até pode ser, mas tenho rinite e vou começar uma sessão de espirros que só vai acabar quando eu for embora.

Naquela noite, não fumou mais nenhum cigarro. A conversa fluiu num curso muito agradável e a exemplo de meu pai, em dado momento ele deixou clara a situação em que se encontrava.

— Já fui casado e tenho um filho, o Gabriel, que agora tem 5 anos.

Conversamos por muitas horas. Nadia e Marcia se despediram. Eu ameacei ir embora também. Aleguei que não levara casaco e estava esfriando.

Marcia tirou a blusa do próprio corpo, demonstrando o valor da amizade.

— Fique com a minha. Do carro, vou para a garagem e nem vou precisar.

Conversamos por mais umas duas horas ininterruptas. Eu me lembro de ter pensado:

Minha mãe não erra em suas percepções. O cara está virando mais um amigo.

Ambos estávamos de carro. Eu disse que precisava ir embora, tinha trabalho no dia seguinte. Ele pediu para me seguir, por segurança e também para saber onde eu morava. Aceitei e no carro, fui pensando na situação. Quando chegamos, guardei meu carro e fui até o carro em que ele estava, para nos despedirmos.

— Entra no carro e vamos conversar mais um pouquinho?

Eu aquiesci e entrei. Assim que me acomodei, outro alerta que recebera de minha mãe veio à memória.

— Se os homens se tornam seus amigos, a responsabilidade é sua, Helda. É você que deixa as coisas serem assim. Duvido que uma mulher linda como você não desperte o interesse deles.

A fala dela foi outro presente do futuro, quiçá o maior de todos. Eu, que já tinha recebido tantos presentes do futuro capazes de gerar mais conhecimento e evolução, percebi ali que o vilão do relacionamento a dois ainda não fora atingido. Concluí que se não beijasse aquele homem, exatamente naquela madrugada, ele se transformaria em mais um amigo. E o beijo aconteceu, seguido de outro e de outro.

Passamos a nos encontrar todas as noites. Edvandro, que chegava a fumar até dois maços de cigarro por dia, incrivelmente não cheirava a cigarro nesses encontros. No futuro, ele me contaria o motivo: por aqueles dias, como um dos programas de rádio que eu fazia se dava das 20h às 22h, nos encontrávamos tarde da noite e ele, no escritório de advocacia que trabalhava, fumava até umas 17h e depois disso, usava balas e escovava os dentes diversas vezes, tudo para não cheirar a cigarro quando nos encontrássemos, já que a rinite poderia atacar.

Às vésperas de completar uma semana em que estávamos nos encontrando, ele telefonou com uma novidade:

— Helda, parei de fumar.

— Excelente notícia. Que Deus te ajude nisso!

E dentro de mim, confesso que não acreditei. Não tardou e passei a acreditar. Em nossos encontros, a abstinência ao cigarro o fazia suar e tremer. Eu disfarçava, mas reparava. Diante da realidade dele, que dividia o escritório com outros profissionais fumantes (numa época em que fumar no escritório era tão normal quanto tomar café), convenhamos que o seu intuito não era nada fácil. Adiante, conheci o escritório. Até as paredes exalavam cigarro.

Quase um mês se passou e estávamos passeando de carro. Súbito, ele parou o veículo e foi autêntico:

— Helda, quero falar uma coisa: eu te amo!

— Obrigada! – foi tudo o que consegui responder.

Houve uma pausa, acompanhada desses segundos de silêncio que parecem infinitos. Expliquei aquilo que só a verdade tornava explicável.

— Edvandro, eu gosto muito de você, mas ainda não posso dizer que te amo. Quero ficar contigo, conto os minutos pra te encontrar e se tem uma coisa que eu não faço é mentir sobre algo tão sério.

O relógio da vida deu aquela suspirada e fez os ponteiros andarem, até que 2 meses se foram e as coisas mudaram.

— Edvandro, agora é a minha vez de dizer, desta vez sem qualquer sombra de dúvida: eu te amo!

O fato é que ele sentiu que me amava antes que eu tivesse o mesmo sentimento por ele. Ato reflexo, até poderia ter dito "eu também", mas não seria verdadeiro. O Edvandro vinha dando mostras reais de que me amava. Não ousei duvidar, porém a verdade é o manto da durabilidade e, talvez por isso, tenhamos uma história longeva e feliz para contar e inspirar, o que me leva a solicitar o aparte definitivo.

Quantos casamentos são mantidos porque ambos começaram a mentir ou manter as aparências e conveniências, mesmo antes da cerimônia?

Edvandro foi de uma nobreza ímpar, ao parar de fumar para ter a chance de viver o amor, e se permitiu também o amor-próprio, aumentando as chances de receber o meu amor. Quantas pessoas estão dispostas a abrir mão de um comportamento inadequado, em favor de um ganho muito maior, como a formação de uma família ou o emprego dos sonhos, por exemplo?

Hoje, casados, pais de Henry e Enzo, dois filhos maravilhosos, eu e Edvandro temos uma relação de confiança e segurança, porque o alicerce desse amor foi a verdade. Eu tive coragem para esperar o coração amar, antes de dizer "eu te amo". Ele teve disciplina para trocar um vício por um amor, ainda que eu jamais tivesse pedido.

Não teríamos tantos casais encaminhando processos de divórcio, se a verdade tivesse pavimentado as estradas dos seus relacionamentos. E também não haveria tantas pessoas deprimidas ao perderem aquele(a) que partiu, se conhecessem que um dos mais acertados caminhos das relações amorosas é jamais amar o outro mais do que se ama.

Não teríamos tanto *turnover* se o colaborador dissesse a verdade sobre os próprios sentimentos em relação à empresa que lhe contrata e, do mesmo modo, não teríamos empresários tão decepcionados com os resultados apresentados por seus colaboradores, se fossem francos e apontassem as causas circunstanciais dos problemas, em vez de somente encontrar pessoas culpadas.

Não teríamos tantos jovens perdidos, sem saber ao certo o que cursar na faculdade, não fosse o receio, que muitos deles têm, de dizer a verdade sobre qual formação pretendem, ainda que a escolha doa nos pais.

Em suma, ser autêntico permite abrir o caminho para o amor, que pode estar presente não só em pessoas, bem como em qualquer ação ou situação. Quando você se permite ser uma pessoa "D" amor, amando e aceitando o amor, inicia-se a construção de duráveis e bons relacionamentos, abrem-se as portas para a empatia, a fé é fortalecida, as suas ambições ficam mais claras e a resiliência é facilitada.

"Ame-se, ame e deixe-se amar."

O ser humano D admiração 7D

"Não procure ser uma pessoa admirada. Deixe que os outros a encontrem nesse nível."

Antes de me dedicar exclusivamente aos treinamentos e aos palcos das palestras, também fui professora universitária. Ainda era responsável pelo departamento de Marketing e Comunicação do Grupo Zadville e costumo brincar que eu não escolhi a sala de aula, e sim fui escolhida.

O professor Douglas Roesler, do qual fui aluna enquanto cursei a faculdade de Administração, me procurou.

— Helda, estou ligando porque vai acontecer amanhã um teste seletivo para professores na Fasul e você tem o perfil para a vaga. Venha fazer o teste.

Diante do inesperado convite e do exíguo tempo para preparar uma aula demonstrativa, eu, que nunca pensara em dar aulas, emocionalmente me recordei da admiração que passei a ter pela professora Angela e o presente do futuro que ela me proporcionou. Debrucei-me sobre os livros de administração que eu ainda tinha. Apesar de haver pouco tempo, eu não tratei a missão com pouco caso. Fui até o teste, sem qualquer ansiedade ou ambição pela vaga, com o pensamento de sempre: se for para mim, vai dar certo. E deu. Fui aprovada.

Você, que acompanha a leitura até aqui, bem sabe que eu tive uma base professoral sólida: Amandio e Sandra, os professores da vida; Angela, a professora nos tempos de colégio; Rui Pires, o professor na rádio; e Edvandro, o professor do amor. E ainda, conspiraram em meu favor, o apoio e as percepções que Dali e o professor Douglas tiveram em relação ao meu potencial. Eles me entregaram presentes do futuro que já começava a viver. A admiração que nutro por essas pessoas foi, é e será a minha guia.

Eu me lembro do que pensei, por aqueles dias.

Agora, eu sou professora. Quando estou na condição de aluna (nunca deixei de ser), eu gosto disso, não gosto daquilo, amo esse método, desprezo aquele.

Dessa forma, separei o que me felicitava e o que felicitava os colegas daquilo que nos impedia de entender, assimilar e internalizar o conteúdo das aulas. Entendi que esse seria o caminho e de novo, refleti:

Se vou lidar com alunos que trabalham o dia inteiro e estão exaustos, o caminho é contar a história da administração por meio de analogias, de metáforas e da magia que representa a comunicação, como um todo.

O ponto forte das minhas aulas, e até hoje as pessoas comentam, era o envolvimento com a história de cada aluno. Eu fazia questão de saber o nome de cada um, a cidade que residia, onde trabalhava e, algumas vezes, quais eram os seus sonhos. Antes de entrar no conteúdo de cada aula, investia tempo para descobri-los e, ao fazer isso, formávamos uma sala de aula coesa, forte, onde um ajudava o outro.

"O aluno se interessa mais pela disciplina ao perceber a possibilidade de aplicar aquele conteúdo em sua realidade."

Por conhecer cada aluno, havia a chance de interagir com a realidade do dia a dia enquanto transmitia o conteúdo, conforme o trabalho de cada um.

— Não é assim que acontece numa empresa de auditoria, Fernando?

— O segmento do agronegócio tem uma visão particular sobre este tema. Aqui está a Sabrina que vive essa realidade na empresa e pode confirmar o que estou dizendo.

— No ambiente político, sobretudo na administração pública, o exercício de administrar tem características que não se encontram na iniciativa privada. Renato, você que é servidor público, concorda comigo?

Eu não fazia média e nem bajulava aluno. Eu sabia **mesmo** a realidade de cada um e eles, ao sentirem a dedicação, passavam a admirar a forma como conduzia as aulas. Assim, eles também se dedicavam a explorar o conteúdo das aulas. Procurei estimular meus alunos a se tornarem protagonistas nas aulas, preparando e apresentando oralmente trabalhos, despertando para a importância de fazer bem feito e de ir além, o que estimulava cada grupo a usar da criatividade e da interdisciplinaridade para buscar a melhor apresentação. Depois todos avaliavam todos, inclusive os próprios desempenhos. Eu fazia "algo a mais" nas minhas aulas, para que a resposta dos alunos também fosse "algo a mais". Acredito que a minha atitude permitiu muitos "*starts*" evolutivos nas vidas deles.

Mais tarde, quando passei a ministrar aulas na Falurb[5], em Marechal Cândido Rondon, procurei implantar a mesma metodologia, o que também foi muito significativo na trajetória dos meus alunos. Tanto na Fasul como na Falurb, as respostas que obtive em razão do método empregado, vieram com as

5 - Falurb – Faculdade Luterana Rui Barbosa.

ótimas avaliações e as diversas vezes em que tive a honra de ser homenageada como Professora Nome de Turma, Paraninfa e Patronesse.

Peço um aparte para sondar algo. A "falta de fazer algo a mais" alcançou o sistema educacional brasileiro e precisamos mudar isso.

Tudo mudou, exceto a educação. A tecnologia invadiu as nossas vidas, dinamizou o universo dos alunos e parece que vários educadores ainda não se deram conta disso. Lecionam no início do século XXI como se estivessem na mesma realidade que testemunhou o fim do século XX. Será que eu, Angela, e outros tantos professores que não se encaixam nesse perfil, somos melhores em relação aos demais educadores? É claro que não. Acontece que alguns educadores têm o cuidado de enxergar a vida do aluno antes da disciplina, a realidade vivida pelos alunos antes das teorias impostas pela disciplina.

Só isso, e de maneira tão sucinta, explica o "segredinho" do professor que faz a diferença positiva e que é admirado? Outra vez: é claro que não. O futuro precisa de professor incapaz de humilhar um aluno, que esteja antenado à tecnologia, vibrante com os bons resultados da turma, comprometido com o futuro de cada um, e, sobretudo, feliz com o que faz, uma vez que o professor triste funciona como um livro perdido nas prateleiras do sebo[6]: o conteúdo até pode ser bom, mas ninguém acessa.

Faço um desafio: no parágrafo anterior, substitua a palavra "professor" por "líder" e, em seguida, descubra que o futuro precisa de professores e líderes corporativos com o mesmo perfil. Se você ainda tem dúvida, ouso duplicar o parágrafo com a palavra agora substituída, para que você sinta o peso da afirmação:

Só isso, e de maneira tão sucinta, explica o "segredinho" do líder que faz a diferença positiva e que é admirado? Outra vez: é claro que não. O futuro precisa de líder incapaz de humilhar um colaborador, que esteja antenado à tecnologia, vibrante com os bons resultados da equipe, comprometido com o futuro de cada um, e, sobretudo, feliz com o que faz. Porque líder triste funciona como um livro perdido nas prateleiras do sebo: o conteúdo até pode ser bom, mas ninguém acessa.

Noves fora, o aluno e o colaborador anseiam pela liderança que desperta admiração.

Você já reparou que as queixas dos alunos costumam ser as mesmas?

— Eu não gosto de aula chata.

— Eu não gosto de professor que só fala, fala, fala e não deixa a gente interagir.

[6] Sebo – comum em grandes metrópoles, é uma loja de livros especializada em obras, quase sempre usadas e vendidas a um preço inferior.

— Eu não gosto de professor bravo.

— Eu não gosto de professor que só manda ler e fazer trabalho.

Forma-se aqui outro paradoxo. No mesmo período, fui aluna e professora: aluna no curso de mestrado e professora na graduação e na pós--graduação. Observando o comportamento dos professores, percebi que muitos deles, assim que assumiam a pasta, se transformavam nos professores que eles odiavam em período escolar. Não se trata de um fenômeno intrigante? O mesmo ocorre nas corporações; muitos que ontem eram colaboradores, sem a devida orientação, se transformam em carrascos quando elevados a líderes.

E parecia, eu me lembro bem, até mesmo uma espécie de vingança, como se a pessoa dissesse: "agora, chegou a hora de fazer com os outros tudo o que fizeram comigo".

Diferentemente do mestrado em universidades particulares, onde os alunos têm mais voz ativa, o que eu pude fazer era oferecido em universidade pública, com mestres cuja austeridade lembrava as Forças Armadas. Lembre-se que no "1D" defendi a afirmação "veja o lado positivo em tudo". Em total congruência com isso que afirmei, assim agi. Todos eram excelentes profissionais, e, se nos pressionavam, acreditei nisso e ainda creio, é porque queriam o melhor de nós.

Para assistir às aulas de uma das disciplinas, nós, alunos, tínhamos que ir até outra cidade, distante mais uns 50 km de Toledo, já que o professor não queria pegar estrada até o campus de Toledo e ministrar a sua aula. Outro professor nos submetia à sua metodologia que era, digamos, diferente. A aula dele começava às13h30. A ameaça era de que, se o aluno chegasse atrasado, não entraria mais na aula. E quem faltasse, deveria escrever um artigo científico e apresentar a um professor renomado. Somente se o *feedback* fosse positivo, o aluno poderia voltar a frequentar a aula dele. Do contrário, seria reprovado em sua disciplina.

Vi alunos que ganharam bolsa para cursar o mestrado e desistiram ao se deparar com tamanha austeridade. Não ouso dizer que esse professor estava certo e, ao mesmo tempo, não arrisco afirmar que, ao desejar muito o crescimento, desistir seja uma opção a ser cogitada.

O que diferencia uma pessoa da outra é um efêmero momento em que a primeira diz "eu não aguento mais" e a segunda diz "isso vai passar". A segunda ganha novo fôlego, respira, tolera, compreende e segue rumo ao objetivo. A primeira se afasta. Sem ter a pretensão de emitir juízo de valor em relação à atitude da primeira, eu me considero integrante do grupo da segunda. E se tenho o direito de sugerir algo, a minha sugestão é que venha para o lado de cá, porque desistir não faz parte do vocabulário daqueles que se propõem a cumprir a jornada, muito menos daqueles que buscam vencer. Isso vale para estudos, carreira, sonhos e, principalmente, para o futuro.

Nos dias das aulas do mestrado, em Toledo e Cascavel, eu seguia até o curso de inglês, para avançar no idioma. E, do inglês, partia para ministrar aulas na faculdade, ainda em Toledo. E depois das aulas, voltava para Marechal Cândido Rondon e passava na casa de Edvandro, para dar um "oi" e saciar a saudade. A mãe dele, sempre gentil, muitas vezes me esperava com um pão de queijo quentinho para essas ocasiões. Em resumo, para cumprir toda a jornada, muitas vezes eu deixava minha casa às 6h e voltava por volta de 0h30 da madrugada seguinte. Dormia umas três horas (quatro; quando conseguia chegar um pouco mais cedo) e seguia para a continuidade do curso.

Um dos nossos professores ganhava no apelo ditatorial.

— A partir de agora, vocês irão dizer não para o *chopp*, não para o namorado, não para a balada e não para a família.

Era uma metáfora bem próxima da realidade. E

vi alunos que acataram a ferro e fogo a ideia, sacrificando relacionamentos, magoando a família, tudo para buscar destaque em relação aos demais alunos. Alguns quase se divorciaram por conta dessa formação. Mas preciso alertar: a pressão dos professores não foi o motivo desses "quase divórcios". Sabe por que eles estavam sofrendo? Queriam, a qualquer custo, alcançar as melhores avaliações.

"Gosto também de fazer melhor do que os outros. E às vezes, dou-me o direito de fazer o meu melhor, em vez de somente buscar vencer a concorrência."

Nessa rotina de esforços, cumpria meus papéis de aluna, professora, colaboradora e instrutora, filha e namorada. O ponto promissor é que ao desejar evolução, quanto mais se corre, mais tempo se arruma. Nesse período, a não ser quando algum de nós viajou em razão de trabalho ou estudos, eu e Edvandro não deixamos de nos ver nem um dia sequer. E, como professora, eu entregava os diários de turmas antes do prazo, devidamente preenchidos com as notas, o comparecimento e tudo o que fosse necessário.

Eu pensava:

Quer namorar? Quer mestrado? Quer trabalhar? Quer dar aulas? Quer ministrar cursos e palestras? Quer romper obstáculos?

E respondia:

Então dê "algo a mais", dê o seu melhor, Helda!

O dia a dia nas empresas seria bem mais produtivo e lucrativo, se todo colaborador pensasse e se respondesse por algo semelhante.

Certa noite, na sala dos professores da Fasul, fui convidada pelo professor Osmar Conte, Coordenador Geral das Pós-Graduações, para ir até a sua sala.

— Professora Helda, podemos conversar?

No "4D", imagino que você se recorde, eu disse que sempre esperei coisas boas nessas ocasiões em que o líder chama para uma conversa. E sugiro que você também faça assim. Nada pior do que ficar se consumindo, enchendo o imaginário com situações negativas.

— É claro que sim – respondi.

Eu não pensei em nada negativo. Refleti que, de repente, ele me convidaria a dar aula para a pós-graduação. Eu estava errada.

— Helda, estou precisando de alguém para **coordenar** a pós-graduação em Marketing, Comunicação e Vendas. Você é a pessoa que escolhi.

Eu estava à frente de dois trabalhos, cursando o mestrado, o inglês e namorando. Como conseguiria encaixar na agenda a coordenação de um curso de pós-graduação? Estava com todos os elementos para agradecer e declinar. Apesar disso, me vi a responder:

— Sim, eu aceito!

— Inclusive, quero que você também escolha uma das disciplinas da pós para lecionar – disse-me o coordenador.

Tornei-me coordenadora e professora na pós-graduação e dediquei-me da mesma forma que a minha professora Angela teria se dedicado. Como professora, nunca me preocupei apenas com o conteúdo, que está ao alcance dos alunos, nos livros ou até na internet. De maneira oposta, dava ferramentas para que os alunos se descobrissem, se equilibrassem e se transformassem.

Logo nas primeiras aulas de pós-graduação apostei numa dinâmica que levou muitos alunos a refletirem quanto às suas habilidades de relacionamento. Como minha disciplina não era uma das primeiras nos calendários daquelas turmas, eu imaginava que a maioria já havia se conhecido, mesmo sendo alunos de diversas cidades da região e ligados aos mais variados segmentos e formações da graduação. Eu pedia que cada dois se levantassem, obedecendo a ordem das filas das carteiras em que estavam sentados, e o primeiro apresentava o segundo à turma, dizendo o nome, a formação, a cidade onde morava, o local de trabalho e tudo o que mais entendia ser interessante.

Pasme, leitor (a). A maioria não possuía todas as informações. Alguns sequer sabiam o nome de seus colegas de turma.

Dentre os objetivos da dinâmica, havia a intenção de demonstrar àqueles alunos, que também eram profissionais, colaboradores, líderes, o quanto eles estavam perdendo de oportunidades em criar *networks*. Mas, eu também tinha o objetivo de replicar o que já fazia na graduação, ou seja, demonstrar o meu envolvimento com a história de cada aluno. A partir daquela dinâmica, e como eu sempre tive uma ótima memória, a aula era recheada de exemplos aplicados às realidades dos alunos. Isso tudo, os fazia refletir sobre a tendência que muitos têm para o individualismo e oportunidades que podem perder com essa atitude, como também tornava as aulas mais atraentes e admiráveis.

Enquanto isso, alguns professores e colaboradores preferem reclamar dos baixos salários que as suas categorias alcançam, líderes lamentam a pressão e o excesso de responsabilidades, gestores reclamam dos colaboradores e das questões externas. Como é possível conferir neste "D", e em toda a obra, eu não falei em dinheiro, não me queixei da pressão e assumi tantas responsabilidades quanto a vida me propôs. Foquei nos pontos positivos e nas pessoas por quem guardo admiração. Como resultado, obtive atuações admiráveis por onde passei.

Este também é um dos segredos: o "algo a mais" da compreensão acerca da essência humana. Olhe e aprenda com os admiráveis e, dessa forma, cedo ou tarde, as pessoas dirão que você também é admirável e o sucesso será consequência natural. Não cometa o erro de correr atrás do dinheiro, e, somente depois de obtê-lo, fazer esforços para tornar-se digno de admiração, pois será tarde demais. Faça assim e os resultados surgirão. Se eu consegui, você também conseguirá...

Helda Elaine

8D

O ser humano D soluções

"Nada é mais saudável do que ser inquieto, quando se gosta de ser assim. Nada adoece mais do que ser estacionário, quando não se gosta de ser assim."

No dia em que Edvandro conheceu minha mãe, ela soltou uma daquelas pérolas de sinceridade.

— Helda é excelente profissional, mas não espere que ela cozinhe ou limpe a casa.

Um homem que deixa o vício do cigarro para viver um grande amor não veria empecilho em tão pequena questão.

— Não tem problema. Eu sei cozinhar, limpar, lavar e passar – respondeu ele. E todos rimos da situação.

Ele não estava mentindo. A partir dos 15 anos, os pais do Edvandro o enviaram para estudar em Curitiba, e, no período que lá permaneceu, mesmo na companhia de seus irmãos, muitas vezes teve que preparar a própria comida, lavar e passar as suas roupas e fazer a limpeza do apartamento em que residia. E nesse ponto está presente a habilidade que a minha sogra, a dona Carme, teve ao preparar os filhos para o futuro, não pelo viés dos afazeres domésticos, mas do compartilhamento das tarefas de casa.

Comparando com a situação nacional entre homens e mulheres que alcançam cargos de comando no ambiente corporativo, veja como estão surgindo muitas "Sandra's e Carme's" por aí, com a mesma capacidade de enxergar a mulher **além** da esposa dona de casa.

Fui contratada por uma cooperativa de crédito para ministrar palestra a algumas centenas de mulheres daquela organização, em Cristalina, Goiás. O *briefing* da contratação foi admirável. Os homens responsáveis pela gestão do negócio disseram:

— Helda, a gente quer que mais mulheres assumam os cargos de expressão, por causa da sensibilidade que elas têm para os negócios estratégicos.

Desta vez, logo no início, peço um aparte para explicar o comportamento mercadológico. O mais comum é que mulheres gestoras e líderes em geral me contratem para inspirar e instar que outras mulheres alcancem cargos expressivos. Na ocasião, homens estavam me contratando para o mesmo intuito. Qualquer semelhança com a visão de minha mãe, que apostava mais no meu lado profissional do que no de dona de casa, não seria mera coincidência.

Os homens da organização estavam preocupados com a disparidade. Dentre as 18 agências daquela cooperativa de crédito, só uma era comandada por mulher. E o evento foi maravilhoso. A repercussão fez a outra cooperativa do setor adotar a mesma ação.

A situação de ter homens sob o comando de grandes organizações que desejam a presença mais ostensiva de mulheres serve como prova de que as coisas têm mudado nesse território. Agora, prepare-se para uma informação que não é exatamente nova, mas é de arrepiar: enquanto isso, muitos homens ainda não querem que a mulher trabalhe fora. E outros, monitoram o tempo e a vida da esposa que trabalha fora, numa relação marcada por ciúmes desmedidos.

Não resta dúvida de que o contrário também é comum e muitas esposas tentam ser controladoras. Contudo, em diversas regiões do país, ainda predomina a tentativa do marido no sentido de podar e vigiar os passos profissionais da esposa.

Desde o início, eu e Edvandro nos respeitamos muito acerca da questão ciúmes. A bem da verdade, em tudo. Até hoje, em função das nossas profissões, ele, como advogado e eu, como palestrante, precisamos viajar com frequência e lidamos muito bem com o tema confiança. E por que estou insistindo no assunto?

A confiança é o fator-chave para o êxito no encontro de soluções, tanto na vida pessoal como profissional, principalmente para quem vive um casamento e ao mesmo tempo deseja resultados profissionais acima da média.

Se partirmos de uma análise entre duas pessoas até uma análise de mercado, a mesma confiança transita até alcançar o desenvolvimento regional. Pergunte-se:

O que faz uma região se desenvolver mais do que outras?

Uma visão trina responde a esta pergunta: associativismo, cooperativismo e energia. Os três temas requerem o mesmo recurso que me fez trazer esta resposta para os leitores: confiança.

Por onde passei em minha vida profissional, estúdios de rádio, mundo corporativo, professorado e palestras, quando surgiam problemas, a busca por soluções sempre esteve baseada na confiança, na capacidade e no talento. Não fosse isso, eu não teria deixado o mercado convencional e migrado até o mercado da informação, como empresária e palestrante.

Nunca fui mulher de uma missão só. Por outro lado, uma missão de vida está presente em cada fragmento quântico de minha alma: levar a **solução da inquietude** para as pessoas. E assim, procurei acrescentar nos meus trabalhos como palestrante a inspiração para o público empregar inquietude nas decisões que envolvam suas ações e relacionamentos.

"A felicidade só pode ser assim chamada se algumas doses de inquietude estiveram presentes em sua construção."

Note que a expressão inquietude possibilita diversos sinônimos, quase todos negativos. E poucas pessoas conseguem pensar na palavra como uma solução de "positivo desassossego", uma "insatisfação temporária" que haverá de trazer soluções promissoras.

Conhece alguém que tenha vencido uma grande competição, ou que tenha se tornado detentor de determinado mercado, sem ter sido picado pelo mosquito que causa a solução da inquietude?

Sim, isso mesmo, a inquietude é a solução para a felicidade sob medida, protocolada e calculada (como se possível fosse). É a solução para a ascensão daquele colaborador de perfil fantástico, mas de ações mornas. É a solução para o crescimento de toda empresa "quietinha" demais.

E agora, uma provocação mais intrigante: conhece alguma pessoa que, de tão inquieta, tenha "evoluído o quadro" até se tornar deprimida?

Por que isso acontece, senão pelo fato de ainda confundirmos a positiva inquietude, que jamais se cala na alma, com algo negativo a ser tratado?

Como sou ligada ao agronegócio, minha atuação como instrutora e palestrante sempre foi marcante no setor. E sou muito grata por isso, pois já realizei inúmeros trabalhos para empresas ligadas ao cooperativismo do agronegócio.

Mas, no meu interior, a solução da inquietude me mostrou que, embora tivesse muita proximidade e gratidão com o setor do agronegócio, as soluções que eu levava até outros públicos e mercados geraram demandas bem mais abrangentes, por uma razão básica: a mesma inquietude que procurei incutir no público que me assistiu também me levava às novas conquistas. Nada mais natural do que ter o meu trabalho como palestrante embasado pela mesma inquietude que levo até a audiência.

A análise mostra que em vez de transformar inquietude em algo negativo e, quem sabe, tomar remédio para ter menos inquietude, o melhor seria avaliar aonde a inquietude nos leva ou pretende nos levar.

De indicação em indicação, o mercado de palestras me incluiu em outros segmentos, como se a vida me convidasse a adentrar na missão de levar a solução da inquietude como "algo a mais" para pessoas, empresas e lugares novos.

Ao ser humano de D solução, começa no seio da família o maior aprendizado, tendo a sua inquietude amorosamente controlada. Não tão rápido que seja preciso frear, nem tão devagar que seja preciso empurrar. Digo isso lembrando mais algumas passagens da minha história.

No início de 2009, eu e Edvandro pensamos em nos casar. A casa dos sonhos estava construída e só faltava oficializar a relação. Perguntei o que a minha mãe achava.

— Você tá na fase mais difícil do mestrado. E se vocês já esperaram mais de 6 anos, por que não finaliza o curso? O início de um casamento é complicado. Do dia a dia até os assuntos mais complicados, tudo é adaptação, filha.

Qualquer mãe de uma filha com mais de 30 anos tende a sair marcando a data tão logo escute algo assim. A minha mãe sempre foi muito diferente da maioria. No lugar de filha, com a idade e autonomia financeira que eu tinha, poderia bater o pé e casar. Afinal, planejávamos um casamento simples, festejado com um jantar para os parentes mais próximos e os amigos que nos aproximaram. Mas a solução encontrada pela minha mãe foi muito mais sábia.

Meses depois, na mesma noite após a apresentação de minha dissertação do mestrado, devidamente aprovada pela banca, eu e Edvandro noivamos e marcamos a data para o casamento. Lembro-me de ainda estar tensa em função da defesa da dissertação, mas feliz por realizar um sonho e respeitar a solução sugerida por minha mãe.

Pouco mais de um ano após o casamento, estávamos grávidos. Cumpri a agenda de eventos e segui a vida normalmente. Eu brinco por aí e digo: "sou tão profissional que me programo para ter os filhos durante as férias". Cheguei até mesmo a conciliar as minhas férias com as férias do obstetra. Com tudo certinho, Henry nasceu forte e saudável no período esperado. E a solução da inquietude me levou a desejar um segundo filho.

Depois que o mais velho nasceu, muitos contratantes até o conheciam e traziam presentes. O marido, a mãe, a irmã ou quem estivesse disponível, viajava comigo para cumprir a agenda de eventos. Não foram poucas as ocasiões em que eu ministrava a palestra e, depois de conversar com a audiência que me procurava, ia até os bastidores para amamentar.

Nós desejávamos muito ter dois filhos com idades próximas, permitindo que os irmãos tivessem melhor convivência, brincassem e fossem educados sob as mesmas condições. Em seguida, Enzo estava a caminho. A previsão de nascimento do primeiro filho era 24/12 e do segundo, 23/12. Nasceram, respectivamente, nos dias 17 e 19. Lá estava eu, em outra tentativa de conciliar as férias, para que o obstetra de nossa escolha estivesse disponível.

Cada gravidez foi muito desejada e bem programada. E peço um aparte para deixar uma dica aos futuros papais e mamães: ser mãe é uma escolha, ainda que um descuido tenha levado à maternidade desta ou daquela mamãe.

O nível de conforto por ocasião da gestação está diretamente conectado ao nível de aceitação. E se a gente escolhe ser mãe, cabe pensar que o desconforto, o inchaço, os enjoos: tudo isso dá lugar a uma maravilhosa vida. Do ponto de vista profissional, outra lição que vale registrar, muito importante, é esta: não tema perder o emprego pouco tempo depois da licença-maternidade. Preocupe-se somente em viver cada instante da gestação e da experiência pós-nascimento.

Eu sempre digo que quando a gente quer, aprende com tudo e todos. Eu sempre olho para os meus filhos com uma contemplação de aprendizado. A diferença entre teimosia e persistência ficou ainda mais evidente para mim depois que tive filhos. E você já vai entender melhor...

Quando criança, eu não costumava receber um "não" como resposta definitiva. Talvez você se recorde do "4D", onde defendi que em minhas palestras, até hoje, afirmo que o "**não**" não existe. O que existe é "**ainda não**". E precisamos educar os filhos nesse sentido. Em vez de castigar a criança por desobedecer ou persistir toda vez que escuta um "não", devemos incentivá-la (de maneira didática) a buscar o "sim" (de maneira gentil, sem escândalos). Senão, teremos crianças que não argumentam e que aceitam da vida qualquer resposta.

Ao meu lado, numa loja, o mais velho, Henry, estava com 4 anos. Ele pediu mais um carrinho da *Hot Wheels*, que graciosamente pronunciava "*Hot Mils*". Eu tinha o dinheiro, mas disse que não tinha, para ver como ele reagiria diante da negativa.

— Mamãe, compra com cartão.

— Eu não trouxe o cartão, filho.

Ele olhou para o carrinho, olhou para mim, pensou e devolveu:

— Então compra com cheque, mamãe.

Decidi ver até onde ele iria.

— Mamãe não trouxe folha de cheque.

Ele não desistiu.

— Então faz uma notinha[7].

7 - Notinha – em algumas regiões do país, ainda se preserva o hábito de comprar produtos e anotar na "notinha", para que seja pago adiante, na base da confiança.

— Notinha? Esta loja não permite notinha.

E foi aí que ele se mostrou um guerreiro do sim. Olhou em volta, viu que o tio estava por perto e mostrou sua infantil habilidade negociadora.

— Então pede dinheiro para o tio Eto.

Teimoso ele seria se tivesse apenas batido o pé, insistindo que eu deveria comprar e ponto final. Mas ele mostrou ser persistente, pois em busca de conquistar o objetivo, apresentou vários caminhos e estratégias para me convencer de comprar e conquistar o seu propósito.

Muitos são os adultos que buscam solucionar problemas ou realizar objetivos, mas, em sua teimosia, insistem fazendo sempre da mesma maneira, até que se esquecem o que motivou o próprio objetivo. Em contrapartida, há os que usufruem a persistência, ou seja, traçam planos A, B, C e D; conscientes de que há outras formas de alcançar o objetivo ou a solução.

Um garoto de 4 anos, em busca do objetivo, tinha noções sobre cartão de crédito, conveniência de crédito, talonário de cheques e empréstimo pessoal. Por que eu o repreenderia?

"Quando a gente quer, aprende com tudo e todos."

Naquele dia, Henry provou que pode se tornar uma pessoa "D" soluções, que não desiste diante do primeiro "não", mostrando que a persistência abre mais caminhos do que a teimosia.

Percebe, leitor (a), como isso é inabitual? A educação tradicional sugeriria que é preciso impor um limite e um corretivo nessa criança. Eu faço outra proposta: com o devido estabelecimento dos limites entre certo e errado, justo e injusto, lícito e ilícito, precisamos motivar as nossas crianças para que batalhem, persistindo por aquilo que desejam. É assim que se forma uma sociedade de pessoas fortes, capazes de agregar oportunidades positivas para si e para os semelhantes (é o conceito cooperativista, que visa a melhor condição a todos). É assim também que se formam empresas sólidas e longevas.

Entendeu por que não repreendi meu filho no caso do "*Hot Mils*"? Se o fizesse, condenaria o seu processo de argumentação, eliminaria a sua inquietude e persistência; fatores, que, nas medidas certas, podem levá-lo à felicidade.

A solução da inquietude, portanto, com esse poder de gerar persistência, pode ser uma ótima assistente de conquistas para que os filhos que formamos hoje se tornem grandes pessoas amanhã.

Eu estou disposta a evitar que a inquietude seja transformada em algo tão negativo como uma doença. Repare que muitos dizem:

— O menino era inquieto demais. Acabou adoecendo!

Eu estou disposta a aceitar a crítica que dirá:

— Mãe que é mãe só precisa falar não uma vez!

E você: se dispõe a quebrar padrões ou acha melhor vivermos numa sociedade de pessoas que aceitam o "não" e se calam, mesmo que a solução da inquietude atormente as suas almas?

Lembre-se que "o básico" é o alimento perfeito para quem não ousa viver a solução da inquietude. O problema é que o mundo está cheio de "alimentos perfeitos" que adoecem. Além disso, toda empresa tem colaboradores dispostos a discutir e alimentar problemas, enquanto, na mesma proporção, vive certa carência do ser humano "D" soluções, saudavelmente inquieto.

Para finalizar esse "D", quero relatar um acontecimento muito recente ocorrido em Laranjeiras do Sul, logo após realizar minha palestra, e que demonstra a importância de surgir pessoas "D" soluções em nossas vidas.

Depois de recolher os meus equipamentos, fui ao banheiro do local em que ocorrera a minha palestra, antes de pegar a estrada e retornar à minha casa, distante mais de 200 km. Ao adentrar no recinto, presenciei um aglomerado de umas dez mulheres em frente a uma das portas, manuseando algumas chaves ou ferramentas. Perguntei o que estava havendo.

— Uma menina acabou trancando a porta do banheiro e não consegue sair. Estamos tentando abrir a porta.

Muitas questionavam:

— Cadê a mãe dessa criança?

— Que tipo de mãe que deixa uma criança vir sozinha ao banheiro?

E assim, inconscientemente, deixavam de buscar novas soluções.

Naquele momento, observei o que nenhuma delas havia notado. A porta que estava trancada era daquelas que têm um espaço maior na parte inferior, típica dos banheiros de grande circulação. Perguntei:

— A menina é pequena ou grande? Se for pequena, poderá passar por baixo da porta.

E foi justamente o que aquelas mulheres fizeram. Uma delas se abaixou e passou a cabeça por debaixo da porta, verificou que a menina era bem pequena, e conferiu que conseguiria passar.

Consegue, leitor (a), perceber que uma pessoa "D" de solução pode surgir nas mais inesperadas horas e locais e que também devemos estar preparados para ouvir a sugestão?

Será que, na qualidade de líderes, gestores, professores, pais ou filhos, estamos abertos para ouvir as pessoas "D" solução?

9D

O ser humano D cooperação

"Quem se associa a um propósito e com ele coopera, cresce e evolui à medida que o resultado desse propósito é atingido."

Ao estender os braços diante do corpo, eu sinalizo à audiência de meus eventos a necessidade de alcançar outras pessoas. A metáfora do movimento é a seguinte: a cooperação é a maior chance de amplitude dos relacionamentos e negócios, representada pelo alcance dos braços. Por mais que estenda as suas mãos, o ser humano que está sozinho consegue chegar a muitos lugares, mas deve estar ciente de que terá limitações naturais, de acordo com o alcance máximo dos próprios braços. Em contraponto, muitas pessoas de braços estendidos em favor do próximo alcançam um espaço bem maior, além de mais produtivo e rentável.

O Sebrae, juntamente com todo o "Sistema S", tem uma definição mais técnica para o assunto, provendo a lógica cooperativista mediante as premissas do cooperativismo:

"Identidade de propósitos e interesses; ação conjunta, voluntária e objetiva para a coordenação de contribuição e serviços; obtenção de resultado útil e comum a todos".

Como administradora, para mim, cooperar é um conceito muito natural. O mercado precisa de pessoas competentes e habilidosas nas funções que lhes são delegadas e toda boa empresa batalha por tais profissionais.

O histórico de empresas, negócios e pessoas que quebraram por insistir no modelo centralizador nos leva a entender, principalmente após o advento da internet, que cooperar é o caminho. Aliás, os criadores dos maiores aplicativos se transformaram em conquistadores digitais pela simples razão de transformar o modelo do cooperativismo, presente em todas as civilizações evoluídas, em compartilhamento. Ainda que não possa admitir ou concordar, ninguém poderia negar que pessoas, empresas e países evoluem de acordo com a velocidade de informação compartilhada e aceita (para ilustrar a exceção, em regimes totalitários o estadista não aceita informação externa).

Como palestrante, também sou procurada por associações comerciais, industriais e cooperativas de diversas áreas de atuação. No dia 29/09/17, ministrei uma palestra no 4º Congresso Caciopar[8], em Cascavel, por indicação de duas lideranças associativistas, Justina Metzner (Tina) e Sergio Marcucci. Tão logo desci do palco, a presidente da Faciap

8 - Caciopar – Coordenadoria das Associações Comerciais e Empresariais do Oeste do Paraná;

Mulher[9], Sra. Rosangela Sonda, carinhosamente chamada por Zanza, me procurou:

— Helda, você tem agenda disponível para o próximo dia 18/10?

— Estou sem a agenda aqui, mas posso verificar em seguida.

— Se você tiver disponibilidade, quero uma palestra sua em Foz do Iguaçu, para o nosso encontro estadual.

— Mas eu li em algum lugar que a programação desse evento já estava definida. Será que me equivoquei?

— Está concluída sim, mas abro uma exceção para ter você no evento. A gente aperta 5 minutos aqui ou ali e inclui uma palestra sua. As lideranças femininas que integram as demais coordenadorias das Associações Comerciais e Empresariais do Paraná e da Faciap Mulher precisam te ouvir.

Consultei a agenda e, no dia 18, estava no auditório, em Foz do Iguaçu. Ministrei a palestra pela manhã e o retorno estava previsto para depois do almoço. Depois de minha fala, houve a brilhante participação de Neiva Kieling, presidente do Conselho Nacional da Mulher Empresária do Brasil, que inclusive assistira a minha apresentação, mi-

9 - Faciap – Federação das Associações Comerciais e Empresariais do Estado do Paraná.

nutos antes. Após o trabalho, fomos almoçar e Neiva me fez um pedido:

— Helda, gostaria de te pedir um favor.

— Sim, é só dizer.

— Teria como você voltar ao palco agora à tarde e falar sobre marketing pessoal para as nossas mulheres empresárias? Há representantes de quase todos os estados.

Fui incumbida de encerrar o evento. E, a partir daquelas oportunidades, outras surgiram, respeitando a máxima de que "um trabalho gera outro". O que pretendo destacar é o inegável poder que a cooperação tem em nossas vidas e a confortável constatação de que cooperação gera cooperação. Ao cooperar com as organizadoras dos eventos, elas cooperaram em meu favor, permitindo que eu demonstrasse o trabalho às representantes de entidades que são grandes contratantes de palestras no Paraná e em diversos estados brasileiros. Naquele mesmo dia, Nays e Cleusa, integrantes da Facieg[10], sinalizaram interesse em meu trabalho e, no dia 21 de novembro, eu estava palestrando em Goiânia, no 2º Seminário das Associações Comerciais do Estado de Goiás. Ou seja, com algo a mais em pauta, um evento foi levando a outro...

10 - Facieg – Federação das Associações Comerciais, Industriais e Agropecuárias do Estado de Goiás.

A cooperação e o associativismo estão em minha vida como o ar está para os pulmões. E quanto mais você coopera e se associa aos que têm propósitos afins, menos esforço se faz necessário para vender e apresentar as suas soluções. Se você não acredita, reflita sobre quantas oportunidades surgiram, sem que eu as procurasse diretamente, apenas porque me dispus a cooperar com aqueles eventos.

Costumo apontar que as pessoas só se associam a nós e cooperam com a nossa missão se entenderem que somos capazes de "algo a mais". Eis a base da fluência desses mercados, que pode perfeitamente ser exportada até a perspectiva pessoal de fazer negócios, mas exige que sempre tenhamos os olhos bem abertos e que tratemos uma pessoa estranha como se da família fosse: com carinho, verdadeiro interesse, generosidade e agregação. Sim, isso mesmo. Devemos agregar "algo a mais" para a vida de quem passa por nossa vida. Por mais filosófico ou utópico que isso possa parecer a quem, neste instante, procura depender minimamente de outras pessoas, cedo ou tarde se mostrará uma realidade tangível e necessária.

Reflitamos: eu poderia ter dito não, com jeitinho, para a presidente da respeitável organização. Ela entenderia. Afinal, a minha apresentação não estava na programação. Mas eu disse sim e penso que cabe deixar a lição das lições neste trecho, algo que aprendi depois de muito praticar:

"Dizer sim ao que surge é a melhor maneira de provar que o seu trabalho, de fato, tem algo a mais."

Estou certa de ter ouvido, ao longo de minha vida, muitas afirmações como essa:

— Tem gente que dá muita sorte nesta vida!

Provavelmente, você também há de ter escutado. Perceba que não se trata apenas de sorte, e sim de atrair, cooperar e se associar àqueles que enxergam o mesmo horizonte.

Depois que abri a minha empresa de treinamentos e palestras, a Copagril[11] foi uma das primeiras clientes. Até então, meus trabalhos eram contratados por outras empresas ou diretamente pela pessoa física. Logo nos primeiros contratos, procurei me aprofundar nos princípios do cooperativismo e conhecer um pouco mais da história de uma das mais importantes cooperativas agroindustriais do país. Até hoje alguns colaboradores comentam sobre o conteúdo das palestras quando me encontram. Procurei fazer o melhor. E o resultado: novas contratações e efetivação de meu cadastro como instrutora

11- Cooperativa Agroindustrial Copagril.

junto com o Sescoop[12], possibilitando que tantas outras cooperativas me contratassem.

A partir do aprofundamento nos princípios do cooperativismo, passei a entender melhor o sucesso e a força que as cooperativas têm em todas as áreas que atuam. Os cursos e as palestras se tornaram cada vez mais atrativos, de modo que os colaboradores da própria Copagril indicavam o meu trabalho para outras cooperativas. Em pouco tempo, entendi a extensão que o cooperativismo pode ter em nossas vidas e nas vidas dos cooperados. Embora eu tivesse consciência de que estava vendendo serviços e sendo bem remunerada por isso, a Copagril, por meio de seus líderes e colaboradores, cooperou enormemente com a minha carreira de instrutora e palestrante, demonstrando que para quem coopera, cooperação não tem limites.

De certo modo, um pouco triste, anuncio que estou às vias de finalizar esta participação escrita que ofereço para cooperar com a sua busca. No derradeiro "D", vou propor aquilo que não pode deixar de ser feito por quem busca o auge dos relacionamentos, a melhor compreensão possível do próximo e a ascensão profissional (que todos nós merecemos). E para concluir esse "D", procure sempre se recordar de algo muito importante: sem associativismo e cooperação, resta a solidão de sonhar.

12 - Sescoop – Serviço Nacional de Aprendizagem do Cooperativismo.

Eu não tenho nenhuma experiência com a temática da solidão aplicada à busca de resultados positivos, pois sempre procurei cooperar e me associar aos que estão na mesma sintonia que a minha. Portanto, a lição final está pronta: se há um tema sobre o qual é melhor não procurar especialização, ei-lo: a solidão.

A pessoa tem o direito de escolher, por exemplo, viver sozinha, sem jamais se casar e não há nada de errado nisso. A pessoa tem o direito de passar toda a existência sem gerar filhos e não há nada de errado nisso. Contudo, para vencer na carreira e no mundo dos negócios, precisamos nos associar com pessoas, para que a recíproca cooperação possa gerar, dos dois lados do relacionamento, as desejadas conquistas.

"A cooperação é fundamental para a realização de sonhos."

O ser humano D negócios 10D

"Se o presidente e seus líderes não pensarem na empresa daqui a cinco, dez, vinte ou cinquenta anos, fique tranquilo: ninguém haverá de pensar."

A pessoa "D" negócios, além de **focar no cliente,** procura **ter o foco do cliente**. Ou seja, antes de atender às necessidades do cliente, é preciso se colocar no lugar do cliente, compreender as suas necessidades, observar a sua realidade, perceber e procurar sentir o que ele sente. Assim, teremos mais chances de vender ideias, produtos ou serviços e efetivar negócios.

Não há nenhuma pretensão ao dividir o conteúdo que finalizará a obra. Eu decidi batizar cada tópico como "lição" porque fui professora, e, por meio das lições de tantos personagens que agora você conhece, cheguei ao degrau profissional em que me encontro.

A minha sugestão para o melhor aproveitamento desse trecho é a seguinte: se você é empresário, gestor ou administrador de um negócio, atente-se diretamente ao que vou dividir. Se você é líder, preste muita atenção ao seu "*status quo*" em relação a essas lições. Se você é colaborador, deixo a sugestão de que compartilhe essas lições com a liderança e a diretoria de sua empresa, porque compartilhar é cooperar. Se você é pai ou mãe, apresente especialmente a lição 5 para os filhos. E vice-versa, se você é filho e acessou a obra, transmita as lições aos pais que não a leram. Com essa troca, esse compartilhamento, todos nós estaremos num grande universo cooperativo.

Lição 1 – Como se reduz o *turnover*

"Demitir é um processo e disso, todos sabem. O segredo é saber como evitar o processo."

Nas palestras, tenho por hábito brincar com o público:

— Eu não vejo defeitos em meu marido.

Olho em volta e percebo alguns olhares confusos, como se pensassem que isso é impossível, já que ninguém é perfeito. Então, arremato a reflexão:

— É que eu não procuro. Se procurasse, certamente encontraria.

Nas empresas, o novo colaborador, ultrapassado o processo seletivo, foi contratado. Adiante, tem líder que fica caçando defeitos nele. E ao procurar, encontra. E ao encontrar, não raro, em vez de conversar, demite. E ao demitir, aprova e contrata outra pessoa. Meses depois, lá estará o mesmo líder a procurar novos defeitos no colaborador recém-chegado. E ao procurar, encontrará.

Dessa maneira cíclica, muitos líderes têm perdido bons talentos porque não sabem dar *feedbacks*. E, para não ser injusta, há colaborador que entra na empresa depois de uma seletiva em que promete ser um profissional, para mostrar-se outro, lá na frente. Em ambos os casos, seja uma queda na performance ou uma falsa promessa de atuação, no mínimo 6 ações são necessárias antes de demitir um colaborador:

1. Olhar para as suas virtudes, em vez de só procurar defeitos;
2. Apresentar o que a empresa espera e o que tem recebido dele;
3. Treiná-lo constantemente;
4. Ouvir, de coração aberto, a sua opinião;
5. Fazê-lo ouvir as percepções que terceiros têm sobre a empresa;
6. Demonstrar credibilidade na melhora dele.

Se, antes de demitir, a empresa e o líder desenvolverem a cultura de olhar para essas necessidades, o *turnover* se reduzirá automaticamente. É muito mais econômico e estratégico assumi-las, se compararmos com o altíssimo e inevitável custo da operação demitir – recrutar – selecionar – contratar – treinar.

Lição 2 – Quando o operacional mata a estratégia

"Quem contrata um atleta estratégico e o deixa no banco, perde o campeonato. Quem contrata um colaborador estratégico e o deixa em trabalhos operacionais, perde o profissional e perde negócio."

Certa ocasião, ainda em tempos de regime celetista, um dos líderes da empresa em que eu trabalhava me pediu para fazer um trabalho de arquivo que exigiria, no mínimo, meio dia de dedicação. Eu nunca me recusei a fazer outras tarefas. Muito pelo contrário, até hoje procuro fazer "algo a mais". Cabe ao colaborador, no entanto, mostrar ao líder que há um desperdício de tempo e energia. A tarefa não me diminuiria em nada, como profissional. Porém, seria caro para a empresa, se eu a assumisse, pois as minhas atribuições iam muito além daquele trabalho proposto. Abri o coração.

— Tem certeza de que eu devo fazer? Você me paga para muito mais do que isso! – foi assim que respondi àquele líder que, sem perceber, estava matando a estratégia do negócio.

O acontecido evidencia duas verificações.

1) Nessas circunstâncias, sem receio de perder o emprego, o colaborador deve discordar gentilmente e mostrar que há um erro na leitura daquela tarefa incumbida. Se não o fizer, a outra parte do seu trabalho, de fato estratégica ou mais importante, ficará a desejar. E aí sim, ele correrá o risco de perder o trabalho, porque lá na frente, durante a análise de sua possível demissão, dificilmente alguém vai lembrar que a performance dele caiu porque vinha fazendo tarefas operacionais, alheias à estratégia de seu cargo;

2) Constata-se, sem margem para dúvidas, que ainda precisamos definir melhor as questões estratégicas, táticas e operacionais dentro das empresas.

Foram (e felizmente têm sido) muitas andanças por empresas de segmentos e perfis variados, desde os tempos de rádio até os dias de hoje. Fico estarrecida quando percebo que ainda há gestores que ocupam boa parte do cotidiano com tarefas operacionais que outros poderiam realizar.

O principal líder precisa voltar-se ao estratégico e ao tático, sob a pena de ver ruir os alicerces e o legado que construiu. Eu abri o "D" com um pensamento sobre isso: quem vai pensar na longevidade da empresa, senão o dono?

Lição 3 – Cuidado com a versatilidade mal interpretada

"Na selva, o leão adulto caça, mas a sua função principal é proteger."

Parece cruel que caiba às leoas a responsabilidade de caçar, enquanto o bonitão exibe sua juba e finge que está trabalhando, protegendo o bando, a despeito de seus longos cochilos diários. Em outra análise, quando os leões saem às caçadas, podem ser mortalmente feridos por um coice bem dado da presa. Se o leão morrer, as fêmeas e os filhotes ficam mais vulneráveis ao ataque de hienas e de outros machos estranhos ao bando. Portanto, o leão é versátil até certo ponto. E, como o leão não tem líder, suas decisões são instintivas, ligadas ao exercício de sobreviver.

Nas empresas, versatilidade é uma qualidade que sempre esteve em voga. Entretanto, a análise de versatilidade é uma ação que poucos líderes adotam.

Ao assumir uma estratégia de ensino, os professores devem entender que determinado aluno talvez não assimile tão bem quanto os outros. Os melhores professores, antes de enxergarem a sala como um todo, vislumbram o perfil de cada aluno (vide o case da professora Angela). Os melhores líderes, nas empresas, antes de enxergarem a organização, veem a unicidade e investigam, a todo instante, se cada colaborador está onde deveria estar. Nos esportes, essa habilidade de correlacionar talento e versatilidade conferiu sucesso a profissionais como Tite, no futebol, e Bernardinho, no vôlei.

O menor erro de interpretação da liderança pode resultar naquilo que fica tão evidente, por exemplo, quando assistimos a um jogo de futebol em que o atleta favorito, centroavante, passou a jogar mais recuado, a pedido do técnico, sem render absolutamente nada. Ou seja, ter a característica da versatilidade no perfil não significa que a pessoa é **versátil para todos** os papéis.

Por errar nesse quesito, é comum que o resultado gere o alto índice do *turnover* discutido na lição 1, pois o fator que encabeça as demissões é o desempenho.

Lição 4 – Os cumpridores de horário

"Há alunos que pagam e fazem questão de levar menos."

Dos itens básicos de supermercado aos bens de consumo com alto valor agregado, qualquer bom cliente deseja levar para casa "algo a mais", seja sob o formato de desconto, presente ou bônus. É por isso que os supermercados fazem promoções, e, pela mesma razão, as empresas criaram os brindes.

A única exceção é o aluno.

— Professora, a faculdade vai emendar o feriado?

— Professora, posso ir embora mais cedo?

Os colaboradores com maiores chances de alcançar um alto posto são aqueles que aprendem a olhar menos para o relógio. Agora, pensemos: se na faculdade, a pessoa não tira os olhos do relógio, contando os minutos para ir embora, o que ela fará, quando estiver contratada por alguma empresa ou assumir o próprio negócio?

Eu acho que você já sabe a resposta...

E por pensar dessa maneira, muitos profissionais se tornam cumpridores de horário. Não estou sugerindo que a pessoa se torne *workaholic*[13], dado que seria uma irresponsabilidade fazer isso. Porém, deixar um grande feito pendente, só porque levaria mais alguns minutos e "deu o horário", é viver sob a doutrina do relógio, quando o ideal seria viver em busca da realização dos sonhos.

Certa vez, eu e Edvandro contratamos uma nova colaboradora para nos ajudar com os afazeres domésticos. Era o seu primeiro dia e eu esquecera de fazer a cópia da chave. Telefonei e disse que na hora do almoço passaria em casa para lhe entregar a tal chave. Ao chegar, às 12h10, a casa e o portão estavam totalmente abertos e não havia ninguém lá. Telefonei para ela e escutei a pérola:

— É que eu saio às 12h e como a senhora ainda não tinha vindo, tive que ir porque deu o horário.

13 - *Workaholic* – compulsivo, viciado em trabalho.

Não pense que é uma exceção. No corporativo, vários colaboradores olham para o relógio e quanto mais o ponteiro se aproxima da hora de deixar a empresa, menor a performance.

Exceto por alguns alunos, portanto, levar para casa menos do que comprou é insensato. De igual modo, deixar para a empresa menos do que poderia é retroceder no processo de ascensão.

— Ah, mas eu sou pago para cumprir jornada até tal horário. Se a empresa quiser que eu fique mais, então precisa pagar – dirão aqueles que ainda têm dificuldade para pensar em prosperidade e, por isso, só pensam em ponteiro de relógio e dinheiro.

Sem dúvida, é justo que a empresa pague por horas extraordinárias. Mas o dinheiro deve ser consequência, e não um objeto protocolar de desejo, do tipo toma lá, dá cá. Lembre-se de algo que em várias ocasiões deixei patente: se quem precisa sou eu, o interesse deve ser meu.

Aos empresários e aos líderes, como professores da prosperidade, cabe o papel central de ensinar a lição que deixo agora: quem venceu olhava para o horizonte, onde não existe relógio. E por outro lado, uma multidão de profissionais cumpre exatamente o que manda o ponteiro do relógio. Cada membro dessa multidão classifica como bajuladores aqueles que fizeram "algo a mais" e venceram, enquanto olhavam para o propósito, e não para o relógio.

Lição 5 – Os filhos da prosperidade precisam solucionar problemas

"E que sejam bem-vindos os problemas, sem os quais não solucionaríamos nada e viveríamos uma tediosa existência."

Aos nossos filhos, eu e Edvandro não ensinamos só o empreendedorismo. Os dois são orientados a solucionar problemas, porque problema dá cria e, às vezes, gêmeos ou trigêmeos.

Na quarta série, o problema era:

João tem duas maçãs. Deu uma para Mariazinha. Com quantas ficou?

Reducionistas como boas crianças que éramos, talvez tenhamos respondido "uma". Os professores, gentis ou severos, então exigiam que a resposta fosse completa:

Resposta: João ficou com uma maçã.

O cliente quer resposta completa.

O líder quer resposta completa.

O mercado quer resposta completa.

Por isso, os meus filhos recebem essa carga de ensino, no sentido de resolver os problemas por inteiro. E o que é um problema, na tenra idade? Nada mais do que "algo a ser resolvido".

Por que, ao crescer, o ser humano transforma o problema em uma situação que não tem solução?

O problema em casa, que não foi resolvido, se transforma no problema que vai para a empresa, tornando difícil a concentração para desenvolver as atribuições. O problema na empresa, que não foi resolvido, segue para casa, pois é impossível separar a vida profissional da vida pessoal. Um problema leva a outro e, rapidamente, a bola de neve está formada. Max Weber criou a teoria da burocracia para ajudar a resolver problemas, e não para gerar empecilhos. Com o avanço do tempo e o inchaço da coisa pública, a lógica de origem se perdeu. Precisamos retomar, com um expediente simples e eficaz, a perspectiva de que a expressão problema é só algo a ser resolvido. Isso vale de líder para colaborador, de pais para filhos e vice-versa, entre amigos e especialmente, entre casais.

Contratar uma festa ou um serviço. Comprar um carro, um avião ou um pacote de feijão. Consertar o cano do banheiro da empresa. Tudo isso representa meros problemas passíveis de solução. E o que acontece com os jovens, sejam os filhos do empresário, do professor ou do operário, que foram criados a distância dos problemas e que passaram a infância e a adolescência ouvindo que "problema" era coisa de adulto?

Será que esses novos adultos saberão resolver problemas?

Pensando em analogia, o problema é associado ao abacaxi e ao pepino, sendo que o primeiro é difícil de descascar. O segundo, de digerir. Finalizo a obra com uma proposta: que tal associarmos o problema ao abacate?

Observe que o abacate não tem sabor definido. O fruto é usado pela gastronomia mexicana, como o famoso guacamole[14], dentre tantos outros. No Brasil, o abacate é preferencialmente consumido com açúcar. Isso significa que o abacate é neutro e dispensa o rótulo de doce ou salgado.

Como seria o dia a dia das pessoas se todo problema fosse só algo a ser resolvido, neutro, sem o rótulo de pequeno, médio ou grande?

Como seria o dia a dia das empresas e do mercado, se todo problema fosse só algo a ser resolvido, neutro, sem o rótulo de crise, recessão ou paralisação?

Como seria o dia a dia da educação, se todo problema das formações acadêmicas fosse só algo a ser resolvido, neutro, sem o rótulo de prova, banca, ansiedade ou medo?

Como seria o dia a dia da política, se todo problema fosse só algo a ser resolvido, neutro, sem o rótulo de corrupção, ilegalidade ou imoralidade?

E, por fim, como seria o dia a dia da educação familiar, se todo problema fosse só algo a ser resolvido, neutro, sem o rótulo de difícil, complicado ou impossível?

O problema, como se pode conferir, não é o vilão da história, mas um elemento cotidiano, em nada diferente de tantos outros.

Seja você pai ou mãe (ou que pretenda ser), pense em algo que deixei para o fim da obra, a

14 - Guacamole – salada mexicana de abacate com tomate e limão, a iguaria já foi adotada pela miscigenada cultura gastronômica do Brasil.

fim de que ficasse bem gravado em seu coração: a moda da vez é formar filhos empreendedores. Empreendedores que não sabem ou que temem problemas desconhecem o que é empreender. Além disso, quem empreende deve amar o que faz, antes de pensar em dinheiro.

A professora Angela fez tudo o que os grandes educadores devem fazer pelos alunos. O objeto de empreendimento dela foi o emprego ou a educação?

Eu deixei o *glamour* do rádio para buscar novos desafios no mundo corporativo. E depois, troquei a sala de aula pelos palcos, a fim de alcançar mais pessoas. O meu objeto de empreendimento foi o emprego ou o amor à arte da comunicação?

A minha mãe enfrentou o preconceito e a família para viver ao lado de meu pai, que por sua vez fez de tudo para vê-la feliz. O objeto de empreendimento dos meus pais foi casar ou viver um grande amor?

Essas perguntas são retóricas e, ao longo de todo o livro, procurei fechar todas as questões que levantei, para que os leitores não tivessem dúvidas a respeito do que precisam fazer em favor da própria evolução. Deixo só uma pergunta para que você responda, agora ou com a maior brevidade possível.

Qual é o objeto de empreendimento que norteia a sua vida?

O ser humano 4D evitaria procurar a resposta para esse "problema". Mas agora você bem sabe que "problema" é só algo neutro a ser resolvido e, além disso, você é um ser humano 10D.

Sou muito grata por seu tempo!

E de coração, espero ter oferecido a você um conteúdo transformador.

Eu respondi a cada pergunta que fiz e estou pronta para responder a cada questão que você fizer. Envie-me um *e-mail*, diga o que achou da obra e como ela te ajudou, critique, indique, discorde, compartilhe. Vou me sentir feliz pela chance de interagir com você, que leu a obra. Aí vai o *e-mail*: helda@heldaelaine.com.br

E se você deseja uma palestra minha em sua empresa, envolvendo os temas comportamento e motivação, com foco em vendas, atendimento, liderança, relacionamento, cooperativismo e agronegócio ou alguma abordagem sob medida, por gentileza utilize o mesmo *e-mail*.

Termina aqui a obra. Espero que inicie aqui, em sua vida, a nova fase 10D.